Frank Ebel
Franziska Gürtler
Sonja Schmid
Bastian Schmidt
Veronika Wald

Mit Fotografien von Gerald Richter

50 historische Wirtshäuser in Mittelfranken

Verlag Friedrich Pustet
Dr. Peter Morsbach Verlag

Bibliografische Information der Deutschen Nationalbibliothek
Die Deutsche Nationalbibliothek verzeichnet diese Publikation in der Deutschen Nationalbibliografie; detaillierte bibliografische Daten sind im Internet über http://dnb.dnb.de abrufbar.

ISBN 978-3-7917-2793-6

Satz: Dr. Peter Morsbach Verlag nach einem Entwurf von grafica – Astrid Riege
Einbandmotive: vorne: Restaurant & Hotel Der Schwan in Schwanstetten / Schwand bei Nürnberg; hinten links: Deutsches Haus in Dinkelsbühl; hinten rechts: Historische Bratwurstküche zum Gulden Stern in Nürnberg
Druck und Bindung: Friedrich Pustet, Regensburg
Printed in Germany 2016

weitere Publikationen aus unserem Programm finden Sie
auf www.verlag-pustet.de bzw. www.drmorsbachverlag.de
Kontakt und Bestellungen unter verlag@pustet.de

Inhalt

Andrea M. Kluxen, Bezirksheimatpflegerin des Bezirks Mittelfranken

Historische Wirtshäuser in Mittelfranken

„Ein Leben ohne Feste ist wie eine Reise ohne Gasthaus", bemerkte schon der griechische Philosoph Demokrit – und stellte damit Wirtshäuser als ein menschliches Grundbedürfnis dar, ohne das schon der mobile Mensch der Antike nicht leben konnte.

Wirtshäuser – zumal solche mit Geschichte – verbreiten eine ganz eigene Atmosphäre. Sie sind materialisierte Geschichte mit besonderer kulturhistorischer Bedeutung, denn sie repräsentieren Stadt- und Ortsgeschichte, Wirtschafts- und Herrschaftsgeschichte, Kunst- und Kulturgeschichte. Sie zeugen nicht nur vom Wandel der Wirtshauskultur, in ihnen wird auch der Wandel der Gesellschaft deutlich. Nicht nur historisch haben diese Einkehrstätten vieles zu bieten, sondern auch in kulinarischer Hinsicht. Und so verbinden sie Geschichte, Genuss und Erlebnis gleichermaßen, vermitteln mithin Kulturgeschichte für alle Sinne.

Mittelfranken, von bedeutender historischer und kultureller Vergangenheit geprägt, ist reich an einzigartigen historischen Gasthöfen, die tief in Geschichte, Tradition und Landschaft der Region verwurzelt sind. Zudem ist Mittelfranken als zweitkleinster Bezirk Bayerns mit der größten Bevölkerungsdichte durch große Strukturunterschiede der Gebietsteile charakterisiert: Neben dem Ballungsraum um Nürnberg gibt es stark ländlich geprägte Gebiete, die ebenso verschieden sind wie die Geschichte dieses Landstrichs. Als eine der vielgestaltigsten Regionen innerhalb Europas verkörpert er einen beachtlichen, kulturell breit gefächerten Raum, der eine intakte Kulturlandschaft mit hoher Lebensqualität, hochrangigem kulturellen Angebot und großem Freizeitwert bietet, in der viele Einflüsse und historische Spuren aufeinandertreffen und sich mischen. Aufgrund dieser spezifischen Eigenart verbindet auch jeder etwas anderes mit Mittelfranken: Man denkt an Nürnberg – die zweitgrößte Stadt Bayerns –, an mittelalterliche Reichsstädte wie Rothenburg, an Burgen und Klöster, Schlösser und Bürgerhäuser, Fachwerk-, Jura- und Hopfenhäuser, den Nürnberger Christkindlesmarkt, kulinarische Köstlichkeiten wie Bratwürste, Karpfen, Kren, Lebkuchen, Küchle, Bier oder Wein, an weltbekannte Künstler wie Albrecht Dürer, Erfinder wie Peter Henlein, traditionsreiche Firmen oder Politiker wie Ludwig Erhard und Henry Kissinger. Diese Vielfalt ist historisch bedingt. Auf dem Gebiet des heutigen Mittelfranken existierten einst vielerlei Herrschaftssysteme:

die Hochstifte Bamberg, Würzburg und Eichstätt, die Markgrafentümer Brandenburg-Ansbach und Brandenburg-Bayreuth mit der Hugenottenstadt Erlangen, Reichsstädte, Reichsgrafschaften wie die Hohenlohe-Schillingsfürst, die Oettingen, die Schwarzenberg oder die Pappenheim, der Deutsche Orden sowie viele Dynasten- und Ministerialenfamilien, Reichsritter und Reichsdörfer. Die konfessionelle Teilung und eine jahrhundertelange jüdische Geschichte brachten zusätzliche Differenzierung. Alle haben sie der Region ihren Stempel aufgedrückt.

Bereits im Mittelalter zeichnete diese Landschaft die günstige Verkehrslage aus – die „Fossa Carolina" Karls des Großen oder die „Goldene Straße" nach Prag zeugen davon. Hier fuhr mit dem „Adler" die erste Eisenbahn auf deutschem Boden, und hier stand die Wiege der Industrialisierung Bayerns. Auch heute ist Mittelfranken Drehscheibe zwischen Ost und West, Nord und Süd sowie ein gefragter Wirtschafts- und Forschungsstandort mit vielen Firmen und wachsenden Touristenströmen sowie ein beachtlicher Bildungsstandort.

All dies zeigt sich auch auf der kulinarischen Landkarte, in den zahlreichen Wirtshäusern mit unterschiedlichen historischen Entwicklungen, Ansprüchen, lokalen und regionalen Küchen sowie einzigartigen Gebäuden. Hier begegnen sich Bierfranken und Weinfranken, werden je nach Topographie Schwäbische, Oberpfälzer oder Altbayerische Einflüsse integriert.

Diese einzigartige Bandbreite spiegelt sich auch in den in diesem Band vorgestellten Gaststätten. Von der ältesten Bratwurstküche der Welt mit ununterbrochenem Betrieb in Nürnberg bis zu den berühmten Kellern am Berg in Erlangen, vom Burgrestaurant in Colmberg bis zum historischen Wirtshaus im Fränkischen Freilandmuseum in Bad Windsheim, von historischen Brauereigasthäusern bis zur Waldschänke, von stolzen reichsstädtischen Wirtschaften bis zu Landgasthöfen – die Vielfalt der präsentierten Häuser ist immens. Dabei ist das nur eine kleine Auswahl historisch bedeutsamer Wirtshäuser in Mittelfranken, die auch seine unterschiedlichen Kulturlandschaften repräsentieren. Der Leser erfährt Fakten zu Vergangenheit und Gegenwart der mittelfränkischen Wirtshauskultur, findet Wissenswertes zu Küche und Ausstattung der Häuser und bekommt Einblicke in regionale Geschichte und Kultur.

Die Wirtshauskultur reicht gar bis in die Antike zurück, in der wohl auch schon römische Tavernen und Garküchen am Obergermanisch-Raetischen Limes in Mittelfranken zu finden waren. Es folgten die Klöster, die hier eine lange Tradition seit dem 8. Jahrhundert haben. Seitdem haben sich vielfältige Formen des Wirts- und Gasthauswesens entwickelt, besonders seit der Entstehung der Städte. Und so tauchen in Franken seit dem 13. Jahrhundert häufiger Hinweise auf öffentliche Gasthäuser auf, wobei davon auszugehen ist, dass es bis dahin bereits diverse Formen der Gaststättenkultur im weitesten Sinne gab. Dabei hatte die Stadt Nürnberg, die in Mittelalter und Frühneuzeit eine Weltstadt und ein herausragender Verkehrsknotenpunkt war, noch Anfang des 19. Jahrhunderts eine fünfmal höhere Wirtshausdichte im Verhältnis zur Einwohnerzahl als München. Der Wirtshaustyp mit regionalen Küchen- und Getränkespezialitäten, wie wir ihn heute kennen und schätzen, entwickelte sich ab Ende des 18. Jahrhunderts, weitere Differenzierungen erfolgten im 19. Jahrhundert.

Wirtshäuser hatten zudem schon immer auch Funktionen über das Bewirten hinaus. Gerade gesellschaftlicher Wert und Bedeutung historischer Gaststätten für die Kulturlandschaften mit historischer Zeugniskraft, Heimatgefühl und Identifikationskraft dürfen nicht unterschätzt werden. Hinzu kommt die wichtige soziale Funktion von Wirtshäusern als Ort der Begegnung, des Austauschs, der Kommunikation und Geselligkeit. Und so sind sie Indikatoren für gesellschaftliche und politische Prozesse. Wo sie sterben, schlägt der demographische Wandel zu, dort verlassen Menschen Dörfer und Ortskerne veröden. Daher ist der Erhalt von Wirtshäusern ein Beitrag zum Erhalt des ländlichen Raums und der Gleichwertigkeit der Lebensverhältnisse.

Gerade die hier vorgestellten Gasthäuser haben sich den gewandelten Verhältnissen angepasst und sichern kulturhistorische Orte und Werte auch für nachfolgende Generationen. Daher sind sie nicht nur als Wirtschaftszweig und für den Tourismus wichtig, sondern stehen auch für gelebte Heimatpflege, weshalb eine umfassende Kulturgeschichte fränkischer Wirts- und Gasthäuser ein lohnendes Unterfangen wäre.

Ununterbrochene Tradition seit rund 600 Jahren: Die historische Bratwurstküche zum Gulden Stern in Nürnberg

1

Brauereigasthof zum Löwenbräu in Adelsdorf

Der kleine Ort Neuhaus an der Aisch ist ein Ortsteil von Adelsdorf und liegt inmitten des Aischgrunds, eines der bekanntesten Teichgebiete Deutschlands. Mehr als 7000 Weiher und Seen, eine seltene Flora und Fauna, zahlreiche historische Altstädte, Schlösser und Felsenkeller verleihen der Region ihren eigenen Charme. Etwa 1200 Teichwirte bewirtschaften die gut 3000 Hektar Wasserfläche. Sie züchten

das kulinarische Aushängeschild, den Aischgründer Spiegelkarpfen. Seit dem Jahr 2012 ist der „Aischgünder" sogar eine nach EU-Recht geschützte geografische Angabe. So ist es nicht weiter verwunderlich, dass in den Monaten, die ein R im Namen tragen (September bis April), also in der traditionellen Karpfensaison, die Menschen von weit her in den Aischgrund kommen, um den Fisch in einem der vielen fränkischen Wirtshäuser zu genießen.

Etwas Besonderes ist das Gasthaus zum Löwenbräu der Familie Wirth in Neuhaus. Seit dem Jahr 1747 sind die „Wirths-Leute" im Löwenbräu als Brauer, Land- und Gastwirte am Werk, mittlerweile bereits in der zehnten Generation. Hausherr Benno Wirth betreibt gemeinsam mit seinem Sohn Hans-Günter und den Familien die Brauerei, das Flair Hotel sowie die Gastwirtschaft zum Löwenbräu. 1985 übernahm er den Betrieb von seinen Eltern. Das Haus selbst wurde zwischen 1903 und 1905 erbaut und erfuhr Anfang der 1960er-Jahre einen ersten großen Umbau im Stil der Zeit. Wirths Eltern richteten im Obergeschoss einen Saal für 150 Personen ein, und das Löwenbräu war über Jahre hinweg der Ort für große Feiern und Veranstaltungen. Aus heutiger Sicht wurde das Haus damals allerdings „im Zeitgeist verschandelt", wie Wirth es ausdrückt. Daher entschied man sich 1992 dafür, den Chic der 60er-Jahre wieder entfernen zu lassen, das Haus grundlegend zu sanieren und aus dem Saal Hotelzimmer zu machen.

Auch wenn damit das Wirtshaus nicht mehr wirklich historisch ist, beeindruckt dennoch das, was die Wirths geschaffen haben, durch die Authentizität des Nachbaus. Vier verschiedene Stuben unterschiedlicher Größe und Ausstattung stehen dem Gast zur Verfügung. Die alte Stube ist eine

Links: Die Biener Stube ist nach dem Handwerk der Küfer (Büttner) benannt

Brauereigaststube im fränkischen Stil. Eine offene Schanktheke aus Holz dominiert den Raum, geschmückt wird sie von getrockneten Hopfendolden. Die Wände sind mit Teilen von alten Kupferkesseln, allerlei Brauereibedarf, Brauerdiplomen und alten Schwarz-Weiß-Fotografien der Brauerei geziert. Drei Holztische bieten in Nischen mit Sitzbänken rund 20 Personen unter der glänzenden Holzdecke Platz. Von dieser urgemütlich gestalteten Stube aus erreicht man alle anderen Gasträume.

Wer es ein wenig größer mag, wählt die Biener Stube. Sie ist in Anlehnung an das alte Handwerk der Küfer (Büttner) benannt und eingerichtet. Auf der dreiviertelhohen, dunklen Holzvertäfelung stehen geschnitzte Figuren, Flaschen und Krüge; zahlreiche fränkische Sprüche zieren das obere Ende der Holzverkleidung. Kleine Kostprobe gefällig? „Ein Madl und ein Krügle Bier beheben alle Not. Wer niemals küsst und auch nicht trinkt, der ist lebendig tot.“ Auch hier schmücken zahlreiche alte Fotos aus vergangenen Zeiten von Haus und Brauerei die nicht vertäfelten Teile der Wände. Die weiß verkleidete Decke wird von bunt gemusterten Flächen aufgelockert.

Hier regiert der Wirt(h): Die alte Stube

Zartes Mintgrün dominiert die Grüne Stube

Bei der Sanierung 1992 wurde die lichtdurchflutete Grüne Stube angebaut und in einladendem, modernerem Restaurantstil gestaltet. Die halbhohe, umlaufende Holzvertäfelung ist, genauso wie die Tische und Stühle, im namensgebenden Mintgrün gehalten, und Pflanzen in den Fenstern sorgen für viele weitere Grüntupfer. Hier können 35 Gäste bewirtet werden.

Der vierte Gastraum ist das Stübchen. Der kleinste der vier Räume war bis zuletzt noch ein privater Wohn- und Rückzugsraum der Familie. Heute strahlt das Stübchen besonders edel in Weiß: von der Decke über das Mobiliar bis hin zur umlaufenden Sitzbank. Dazu blitzen der Wandspiegel über der Kommode und die meisten Bilder an den Wänden mit goldenen Rahmen. Die Bilder zeigen, passend zur Geschichte des Zimmers, überwiegend Wirths aus verschiedenen Epochen. Ein vergoldeter Deckenleuchter rundet das Ganze ab.

Wie es bei einer Brauerei üblich und nötig war, gehört auch zum Löwenbräu ein Felsenkeller, heute natürlich mit Biergarten. Der Löwenbräu-Biergarten liegt nur wenige Gehminuten vom Brauereigasthof entfernt, und zwar in einem Laubwald über dem Felsenkeller.

Und wer nach dem Genuss gutbürgerlicher fränkischer Küche, einer der vielen Variationen des Aischgründer Spiegelkarpfens und hausgemachter Bierspezialitäten auch noch ein kleines Andenken mit nach Hause nehmen möchte, der wird bei den Wirths im Brauereiladen fündig. Schnäpse aus eigener Brennerei, Bierlikör, Biergelee, verschiedenste Marmeladen und vieles mehr stehen zur Auswahl.

Brauereigasthof zum Löwenbräu

Neuhauser Hauptstraße 3
91325 Adelsdorf

Telefon: 09195 / 923310

www.zum-loewenbraeu.de

Öffnungszeiten:
abends
täglich 17:30–23:00 Uhr
Warme Küche bis 21:00 Uhr
mittags
Mitte Mai–Ende Juli:
Samstag, Sonntag
Ende August–Mitte Mai:
Donnerstag–Sonntag
11:00–14:00 Uhr
Ruhetage:
Sonntage im August

2

Landgasthof Schuh in Möhrendorf-Kleinseebach

Nur einen Katzensprung von Erlangen entfernt liegt im Tal der Regnitz die kleine Gemeinde Möhrendorf mit ihren drei Ortsteilen Möhrendorf, Oberndorf und Kleinseebach. Der westlich der Regnitz in Nord-Süd-Richtung verlaufende Main-Donau-Kanal bildet die geografische Grenze zum Ortsteil Kleinseebach, das als ehemals eigenständige Gemeinde 1971 an Möhrendorf angeschlossen wurde. Besondere Berühmtheit erlangte die Region durch die große Anzahl an Wasserschöpfrädern entlang des Flusses. Bereits im 15. Jahrhundert werden diese an Mühlenräder erinnernden Wasserräder schriftlich erwähnt. Sie dienten zur Bewässerung der umliegenden Felder. Anfang des 19. Jahrhunderts zählte man auf einem 25 Kilometer langen Abschnitt des Flusses zwischen Fürth und Forchheim etwa 190 solcher Bewässerungsräder – so viele wie an keinem anderen Fluss Mitteleuropas. Heute drehen sich auf dem Gemeindegebiet von Möhrendorf noch zehn davon. Sie dürfen laut der in Teilen noch immer gültigen Baiersdorfer Wasserordnung aus dem Jahr 1693 nur von 1. Mai bis 30. September betrieben werden. Alljährlich im Frühjahr aufgebaut, sorgen sie während des Sommers vorwiegend für die Bewässerung angrenzender Feuchtbiotope. Im Herbst werden sie abgebaut und eingelagert. Die Bedeutung dieser Schöpfräder war in der Vergangenheit so groß, dass sie sich noch heute in

Früher in Gebrauch, heute Deko: Bierflasche mit Zapfhahn für den häuslichen Genuss

den Wappen der Gemeinde Möhrendorf sowie des Landkreises Erlangen-Höchstadt wiederfinden.

Wer in dieser über die Jahrhunderte von den Flüssen geprägten ländlichen Idylle zünftig einkehren möchte, ist im Landgasthof Schuh in Kleinseebach an der richtigen Adresse. Hier zeigen Norbert Schuh, seine Frau Gerlinde und die Söhne Andreas und Christian in dritter Generation, was man aus heimischen Fischen alles zaubern kann: Hausgeräucherte Forellen, Forelle Müllerin Art, Knoblauchforelle und während der Saison natürlich die typisch fränkischen Karpfenvariationen, selbstverständlich alles aus hauseigener Schlachtung, gehören zu den Highlights der Karte. Ergänzt werden diese Angebote an Sonn- und Feiertagen durch traditionelle fränkische Braten, wie Krusten- oder Schweinebraten und selbstverständlich dem urfränkischen Schäufele. Alle angebotenen Wurstwaren, beispielsweise für die Brotzeitplatten, werden von Metzgermeister Norbert Schuh selbst hergestellt. Er wurde für seine hausgemachten fränkischen Bratwürste bereits ausgezeichnet.

All das genießen wir im appetitanregenden Ambiente einer fränkischen Traditionswirtschaft. Der zweigeschossige Halbwalmbau mit Fachwerkgiebel aus der zweiten Hälfte des 18. Jahrhunderts war früher auch das Wohnhaus der Familie. Gerne denkt Norbert Schuh daran zurück, wie er in der Wirtsstube, dem damals einzigen geheizten Raum des Hauses, seine Hausaufgaben für die Schule erledigte. Nur wenig erinnert im Inneren des Hauses heute noch an diese Zeit. Der ölbetriebene Kachelofen und die dunkle Holzdecke in der 45 Gäste fassenden Wirtsstube sorgten bereits in den 1970er-Jahren für eine wohlige Atmosphäre. Ansonsten hat Schuh sen. viel erneuert oder erneuern müssen, seit er die Wirtschaft 1981 von seinen Eltern übernommen hat. Der helle Boden der Wirtsstube musste beispielsweise nach einem Wasserschaden im Jahr 2014 ersetzt werden. Trotzdem hat sich die Gaststube den Charme eines fränkischen Landgasthofs erhalten. Dafür sorgen in der guten Stube die Schanktheke aus Zirbelholz, die traditionelle umlaufende Sitzbank sowie die Dekoration aus Bierkrügen über der Theke, Auszeichnungen der Brieftaubenzüchter Andreas und Norbert Schuh sowie eine hölzerne Wanduhr aus längst vergangener Zeit.

An die Gaststube schließt sich ein kleines Nebenzimmer an, das früher, vor dem allgemeinen Nichtraucherschutzgesetz, schon ein Nichtraucherzimmer gewesen ist. Damit hatten die Schuhs

etwas in der Region so Seltenes, dass eine regionale Zeitung im Rahmen einer Restaurantkritik im Jahr 2000 schrieb: „Ungläubig-überrascht registrierten wir, dass es im Gasthaus Schuh ein Nichtraucherzimmer gibt und das immerhin schon seit zehn Jahren. [...] Wenn das keine Besonderheit ist – ein fränkisches Dorfwirtshaus mit Nichtraucherabteil." Damit waren die Schuhs der Zeit gut 20 Jahre voraus. Heute wird das Seebachstüberl, ein vollkommen mit Holz verkleideter Raum für 16 Personen, nicht als Raucherzimmer, sondern überwiegend als Frühstückszimmer für die Übernachtungsgäste des Landgasthofs genutzt. Allerdings können auch kleinere Gesellschaften oder Mittagstische hier optimal Platz finden.

1986 entschieden sich die Schuhs, an der Stelle der alten Scheune ein neues Wohnhaus für die Familie zu errichten. Man zog aus dem Obergeschoss des Hauses aus, wo stattdessen ein teilbarer Saal für bis zu 100 Gäste entstand. Der mittlere Holzständer stand vorher im Wohnzimmer der Schuhs. Wie die Gaststube wird auch der Saal von einem Kachelofen beheizt, wobei dieser, im Gegensatz zu seinem Pendant im Erdgeschoss, noch mit Holz aus dem eigenen Wald befeuert wird. Der Saal ist durchgehend halbhoch mit Holz vertäfelt, hat eine eigene Theke sowie Holzparkett. Zahlreiche ortsansässige Vereine nutzen diese Räumlichkeiten als Probenraum oder Vereinsheim, wovon eine Vitrine mit Auszeichnungen und Ehrung zeugt.

Außerdem verfügt der Landgasthof über einen traditionellen Biergarten direkt vor der Eingangstür. Beschattet werden die Plätze von zwei Kastanien und einer Linde. Besonders Radlfahrer, die entlang des Main-Donau-Kanals unterwegs sind, schätzen den Biergarten als ruhige Anlaufstelle abseits der Hauptverkehrsstraßen. Ein wunderbarer Ort für hausgemachte Würschtel und ein frisch gezapftes Bier.

Landgasthof Schuh

Dorfstraße 6
91096 Möhrendorf-Kleinseebach

Telefon: 09133 / 3517

www.landgasthof-schuh.de

Öffnungszeiten:
Montag, Dienstag
11:30–14:00 Uhr
17:00–22:00 Uhr
(Abendkarte bis 21:00 Uhr)
Donnerstag–Samstag
11:30–22:00 Uhr
11:30–14:00 Uhr Mittagstisch
17:00–21:00 Uhr Abendkarte
Sonntag
09:30–21:00 Uhr
Warme Küche 11:00–21:00 Uhr
Ruhetag: Mittwoch

3

Gasthaus zur Ludwigshöhe in Marloffstein

Adlitz ist ein Ortsteil der Gemeinde Marloffstein nördlich von Erlangen und liegt an der südwestlichen Grenze der Fränkischen Schweiz, einem der ältesten touristisch genutzten Erholungsgebiete Deutschlands. Bereits Anfang des 19. Jahrhunderts kamen die ersten Sommerfrischler hierher, um sich Molkekuren zu unterziehen. Heute ist „die Fränkische" vor allem bei Kletterern, Wanderern, Radfahrern, Motorradfahrern sowie bei Kultur- und Bierfreunden beliebt. Für die Outdoor-Fans sei angemerkt, dass die Fränkische Schweiz mit über 12 000 ausgewiesenen Routen an 800 einzelnen Felsen eines der am besten erschlossenen Klettergebiete der Welt ist.

Einen ganz wunderbaren Blick auf die Ausläufer dieser Gegend hat man vom Biergarten des Gasthauses zur Ludwigshöhe der Familie Kunzmann in Adlitz. Bereits der Urgroßvater des heutigen Besitzers Hans Kunzmann schenkte auf diesen Freisitzen Bier aus. Bei den Menschen aus der Region ist das Wirtshaus daher auch als Adlitzer Biergarten bestens bekannt. Bis zu 300 Personen genießen hier zu den Stoßzeiten Bier, fränkische Küche und die schöne Aussicht. Bewirtet werden sie dabei von Hans und Martina Kunzmann, die die Gastwirtschaft 1990 übernommen haben. Allerdings ist es nicht nur die Aussicht, die die Menschen in den Biergarten zieht. Um das Jahr 2000 verwirklichten die

Tradition seit mehr als 100 Jahren: (Ur-)Ur-Großvater Kunzmann vor seinem Wirtshaus

Links: Das Adlitzer Schloss hinter dem Gasthaus stammt im Kern aus dem 11. Jahrhundert. Rechts: Große Auswahl an der Durchreiche zum Biergarten

Kunzmanns eine Idee, die sich als wahrer Glücksgriff erwies: Sie installierten eine versenkbare Panoramascheibe, welche die Gäste vor dem Wind schützt, der durch das Tal pfeift. Bei schlechtem Wetter erfüllt sie ihren Zweck, ohne die Sicht einzuschränken, bei gutem wird sie einfach hinuntergefahren. So kann man schon früh im Jahr und bis lange in den Herbst hinein draußen sitzen. Beschattet wird der Garten von großen Schirmen, die die Wärme zusätzlich halten. Und im Sommer bietet der Biergarten noch einen weiteren Vorteil: Die großen Walnussbäume vertreiben mit ihren ätherischen Ölen die Mücken, sodass sich laue Sommerabende hier ganz ohne lästige Stiche genießen lassen. Speis und Trank holt sich jeder Biergartengast traditionell selbst an einer Durchreiche aus der Wirtshausküche. Das spart gerade für die eiligen Mittagsgäste, die an ihren Arbeitsplatz zurück müssen, viel Zeit. Direkt an den Biergarten grenzt der Saal des Hauses. Er wurde just renoviert, hat ein neues Dach und wird überwiegend für Feiern mit bis zu 70 Personen genutzt. Auch von hier aus kann man durch die großen Fenster den Blick über viele Kilometer schweifen lassen.

Das Gasthaus wurde nach Einschätzung von Hans Kunzmann etwa um 1740 erbaut. Es war ursprünglich eine Ziegelei und gehörte zum Adlitzer Schloss, ein Schlösschen, das im Kern ins 11. Jahrhundert datiert. Das quadratische, dreistöckige Haupthaus mit dem achteckigen Treppenturm steht direkt hinter dem Wirtshaus. Die Geschichte der Familie Kunzmann als Eigentümer des Hauses beginnt im Jahr 1907. Mit Andreas jun. steht bereits die fünfte Kunzmann-Generation, gemeinsam mit Mutter Martina, in der Küche. Besonders beliebt sind bei den Gästen ihre Wildgerichte. Kein Wunder, ist Hans Kunzmann doch Jäger und Metzger und bereitet die täg-

lich benötigten Fleisch- und Wurstwaren jeden Morgen eigenhändig vor. Daraus werden dann Köstlichkeiten wie Adlitzer Rehbraten in Wacholderpilzrahm mit Kloß, rosa gebratener Feldhasenrücken auf Butterrosmarinspätzle, Walnüssen und Apfelblaukraut oder einfach hausgemachte Hirschbratwürste mit Kartoffelsalat. Auch das Obst für die Kuchen, die Martina Kunzmann backt, stammt von den eigenen Streuobstwiesen. Und mit den Walnüssen aus dem Biergarten wird ein hauseigener Likör angesetzt. Serviert wird dann in einer typischen ländlichen Wirtsstube. An der Decke sind die tragenden Balken sichtbar, der Rest ist verkleidet. Die Wände sind bis auf wenige Stellen, an denen die Sandsteinquader sichtbar sind, verputzt. Die letzte Restaurierung erfolgte 2006. Bereits in den 1920er-Jahren wurde an die ursprünglich kleine Gaststube angebaut; der gesamte hintere Teil des Raumes stammt aus jener Zeit. Ein großzügiger Mauerdurchbruch erinnert daran, wo das Haus früher endete. Genau in diesem offenen Durchgang, wo auch die Sandsteinquader der ehemaligen Außenwand zu sehen sind, steht als Mittelpunkt des Raumes ein Ofen aus neuerer Zeit. Zusammen mit der einmal um das gesamte Zimmer laufenden Sitzbank bietet das Holzmobiliar Platz für 55 Personen. Grün und Rot sind die dominierenden Farben bei Tischdecken, Servietten, Polsterungen und Vorhängen.

Die Bilder an den Wänden spiegeln die Familientradition des Hauses wider. Aus der Zeit des Urgroßvaters stammt auch die kleine schwarze Wanduhr mit dem weißen Ziffernblatt auf etwas ramponiertem silbernem Grund aus Stanniolpapier. Laut mündlich überlieferter Familiengeschichte hat der Urgroßvater zumindest das Gehäuse sogar selbst gebaut.

Gasthaus zur Ludwigshöhe

Adlitz 12
91080 Marloffstein

Telefon: 09524 / 3031939

www.adlitzer-biergarten.de

Öffnungszeiten:
März–November:
Freitag–Mittwoch ab 11:00 Uhr
durchgehend warme Küche
Ruhetag: Donnerstag
Dezember–Februar:
Freitag–Sonntag
11:00–22:45 Uhr

4

Entla's Keller in Erlangen

Rund eine Million Besucher, 11 000 Sitzplätze, abertausende Liter Bier, unzählige Hendl, Schweinshax'n und Bratwürst', Buden, Fahrgeschäfte und Schausteller – Allmächd, das ist „der Berch"! Alljährlich beginnt die Erlanger Bergkirchweih am Donnerstag vor Pfingsten. Zwölf Tage lang herrscht dann Ausnahmezustand in Europas größtem Biergarten auf dem Burgberg am nördlichen Innenstadtrand Erlangens. Das Fest zählt heute zu den fünf größten Volksfesten im Freistaat. Allerdings wird hier nicht, wie sonst üblich, in großen Festzelten gefeiert, sondern unter dem Blätterdach alter Linden, Kastanien und Eichen auf den kilometerlangen in den Berg gehauenen Gängen der Bierkeller.

Anlass der Kirchweih, die vor 1755 gleichzeitig mit dem Erlanger Pfingstmarkt in der Altstadt abgehalten wurde, ist das Patrozinium der Altstädter Dreifaltigkeitskirche. Am 21. April 1755 beschloss der Magistrat schließlich, die Festivitäten auf den Burgberg zu verlegen, wo zugleich auch die Schützen ihr traditionelles Vogelschießen begingen. Die Veranstaltung war plötzlich zu einem

dreitägigen Jahrmarkt angewachsen – die Geburtsstunde des womöglich ältesten Bierfestes der Welt. Sogar die Münchner Wiesn ist immerhin 55 Jahre jünger.

Schon bald wurde zu dieser Gelegenheit auch das frische, kühle Bier aus den weitläufigen Lagerkellern im Berg ausgeschenkt. Gegen Ende des 17. Jahrhunderts hatten die Erlanger Bierbrauer die Gänge tief in den Sandstein getrieben, um dort bei ganzjährig konstanten 8° C ihren im Winter gebrauten Vorrat einzulagern. Insgesamt entstand so ein System aus 16 Kellern mit Stollen von über 21 km Länge. Zusätzlich kühlte man das Bier mit dicken Eisblöcken, die man im Winter aus den umliegenden Teichen schlug. So hatten die Brauer die Möglichkeit, ganzjährig frische Ware zu liefern, und dieser Vorteil machte Erlangen im 19. Jahrhundert zu einer der Bierexportstädte schlechthin. Noch heute gilt die Bezeichnung „Erlanger“ in den USA als Qualitätsmerkmal. Die Erfindung der Kältemaschine durch Carl von Linde (1842–1934) setzte diesem Wettbewerbsvorteil im Jahr 1876 jedoch ein jähes Ende. Fortan wurden einige der Keller nur noch zur Champignonzucht genutzt.

Die Bergkirchweih aber besteht bis heute fort, und einer dieser Keller, auf dem gefeiert wird, ist der Entla’s Keller am linken Rand des etwa 1 km langen Festgeländes am Hang des Berges. Bewirtschaftet wird er seit 1913 von Familie Engelhardt. Als einziger Keller auf dem Berch ist er auch

Bis zu 3000 Gäste feiern zur Kirchweihzeit vor dem Entla‘s Keller

80 Kilo schwere Laibe Emmentaler reifen heute bei konstanten 8° C in den Stollen des Entla's Kellers

außerhalb der Bergkirchweih geöffnet, nämlich von April bis zum letzten Sonntag im September, täglich von 11:00 bis 23:00 Uhr. Namensgebend ist übrigens der Stammtisch „endlich allaa" (zu Hochdeutsch: endlich alleine) aus dem alten Wirtshaus, das die Familie früher in der Stadt betrieb.

Etwa 3000 Gäste finden zur Kirchweihzeit auf den fest installierten Sitzbänken vor dem Keller Platz. Eine echte gastronomische und logistische Herausforderung! Doch Kellerwirt auf dem Berg zu sein, ist eben kein Beruf, sondern eine Lebenseinstellung. Schon im Dezember laufen Reservierungen ein, Vorbereitungen müssen getroffen, ausreichend Personal muss akquiriert werden. Die zwölf Tage Berch, die dann zu Pfingsten folgen, gehen an die Substanz. Rund um die Uhr läuft der Betrieb auf Hochtouren, um den feierwütigen Bergbesuchern eine unvergessliche Kirchweih zu bescheren. Gott sei Dank gibt es hier und da die Stammgäste, die sowohl zur Bergzeit als auch sonst immer an ihren festen Plätzen sitzen und Inseln der Gemütlichkeit inmitten des Trubels schaffen.

Ist der Berch vorüber, geht es wieder ruhiger zu im Entla's Keller. Schönes Wetter, sommerliche Temperaturen und schattenspendende Baumkronen machen den Biergarten zu einem Ort, an dem sich gemütliche Biertrinker, Spaziergänger und Mitarbeiter gleichermaßen wohlfühlen. Ausgeschenkt wird Erlanger Kitzmann Bräu: Helles, Weißbier und zur Kirchweih natürlich Festbier. Zur Stärkung ist von der Bratwurst über Haxe, Ente und Schweinsbraten bis zu Schäuferla und Käsespätzle alles vertreten, was der geneigte Freund fränkischer Esskultur gerne mag. Seit Kurzem ergänzen sogar Asia-Nudeln das bayerische Sortiment. Zur Festzeit schafft ein ganzer Ochse am Spieß die richtige Grundlage für das fröhliche Zechen.

Eine weitere Spezialität im Entla's Keller, der fein-würzige Allgäuer Emmentaler, lagert ab April zum Reifen in den Stollen des Kellers. An den mächtigen, 80 Kilo schweren Laiben kommt man auch vorbei, wenn man Friedrich Engelhardt zur Kellerführung in die verzweigten Gänge folgt. Er ist praktisch am und im Berg aufgewachsen, kennt das labyrinthisch anmutende Geflecht aus Tunneln und Hallen wie seine Westentasche. Jeden Sonntag um 11:00 Uhr steht er bereit, um allen Interessierten einen Einblick in seinen Berg zu geben. Er selbst pflegt ein ganz besonderes, beinahe zärtliches Verhältnis zu den Kellern und weiß eine Fülle an Geschichten über sie zu erzählen. Im

Erlanger Bergkirchweih

Seit 1755 wird auf den 16 Bierkellern des Erlanger Burgbergs zu Pfingsten Bergkirchweih gefeiert. War sie zunächst ein Jahrmarkt, bei dem vor allem Lebensmittelhändler ihre Waren feilboten, so ist sie heute eines der fünf größten Volksfeste in Bayern. Um 1900 zählte man schon 20 000 bis 30 000 Besucher auf dem „Berch". Die Entwicklung hin zur Vergnügungsveranstaltung vollzog sich im Laufe des 19. Jahrhunderts.

Der Beginn der Bergkirchweih wurde bis 1958 durch die kurz vorher stattfindende Bierprobe eingeleitet, bei der die Bürger die Erzeugnisse der hiesigen Brauereien verkosteten und entschieden, welches denn das beste sei. Seit 1958 gilt der Bieranstich durch den Oberbürgermeister als Eröffnung des rauschenden Festes. Der Anstich findet jedes Jahr auf der Tribüne eines anderen Kellerwirts statt. Der Ansturm auf das erste Fass – nämlich Freibier – ist legendär.

Kuriositäten gibt es aus der langen Kerwa-Geschichte freilich auch zu erzählen. Bis 1999 noch gab die Erlanger Universität ihren Studenten zur Bergzeit eine Woche Ferien, und noch heute ist der Dienstag der Pfingstwoche traditionell vorlesungsfrei. Dann pilgern viele Lehrstühle Seite an Seite mit den Belegschaften der Erlanger Geschäfte und Betriebe mittags geschlossen auf den Berg.

Das Ende des Abends zeigen seit 1950 die Klänge des Soldatenliedes „Lilli Marleen" des Dichters Hans Leip an, bekannt gemacht 1939 durch Lale Andersen, gesungen in allen Sprachen an allen Fronten. Das melancholische Stück erinnert an die Schicksale der Soldaten im Zweiten Weltkrieg, während dem die Bergkirchweih ausgesetzt wurde (ebenso wie während des Ersten Weltkrieges und während der großen Hungersnot 1770–1772).

Nach zwölf Tagen ist der ganze Trubel vorbei und mit einem großen Aufgebot wird das letzte Fass symbolisch im Erich-Keller zu Grabe getragen. Die Zuschauer nehmen mit Taschentüchern winkend Abschied und freuen sich schon darauf, wenn im nächsten Jahr in Erlangen wieder die fünfte Jahreszeit anbricht.

Dritten Reich zum Beispiel sollten die Keller der Rüstungsproduktion dienen, und auch ein Heizwerk und ein Krankenhaus wollte man hier einrichten. Beim Gang durch die Stollen trifft man auf kyrillische Inschriften an den Wänden, die russische Kriegsgefangene hier zurückgelassen haben. Doch auch viele schöne Erinnerungen und Anekdoten entstanden und entstehen noch immer in den Kellern. So erinnert sich eine Besucherin, dass es ihr damals „scho a bissle komisch" war, dort drin im Dunkeln bei der Kellerführung. Doch plötzlich war da eine fremde Hand in ihrer – und jetzt sind sie schon so lange verheiratet. Allmächd!

Entla's Keller

An den Kellern 5–7
91054 Erlangen

Telefon: 09131 / 22100

www.entlaskeller.de

Öffnungszeiten:
April bis zum letzten Sonntag im September:
täglich 11:00–23:00 Uhr
Zur Bergkirchweih ab 09:00 Uhr

5

Alter Simpl in Erlangen

Es ist erstaunlich, was aus einem kleinen, familiären Zwist so alles erwachsen kann. Im Falle des Alten Simpl in Erlangen entstand aus einem Streit zwischen Vater und Sohn eines der bekanntesten Wirtshäuser der Stadt, das heute bereits in zweiter Generation geführt wird und auf eine über 40-jährige Erfolgsgeschichte zurückblicken kann. Seit dem Jahr 2000 leiten Marc und Conny Gstader den Alten Simpl und erinnern sich natürlich an die Geschichte, die dem Lokal seinen Namen gab. Ursprünglich waren die Gstaders Metzger. Doch als sich Großvater Gstader Anfang der 1970er-Jahre weigerte, seinen Betrieb an Sohn Rudolf weiterzugeben, weil dieser zu viele „neumodische" Ideen im Kopf hatte, wie beispielsweise die Einführung einer Bistrotheke in der Metzgerei, beschloss dieser, sich anderweitig zu verwirklichen. Am Bohlenplatz 2 richtete er in dem 1739 erbauten, zweigeschossigen Mansarddachbau gemeinsam mit seiner Frau Christa sein eigenes Wirtshaus ein. Als liebevoll-neckischen fränkischen Gruß an seinen Vater nannte er das Lokal Alter Simpl. Die Streitigkeiten waren nach der Eröffnung 1973 schnell ausgeräumt und Erlangen hatte ein neues Wirtshaus, in dem nach guter alter Metzgerstradition bis heute hausgemachte Würste auf den Grill kommen.

Eine österreichische Skihütte mitten in Erlangen: Historische Ausrüstungsgegenstände sorgen für Nostalgie

Mittlerweile verfügt der Alte Simpl über sechs verschiedene Stuben, die individuell gestaltet sind und als Ganzes den unverwechselbaren Charme des Hauses ausmachen. Angefangen hat alles mit der Brotzeitstube, in der die Theke und mitten in der Gaststube der offene Buchenholzgrill stehen, auf dem bis heute fleißig gebraten wird. Wenn er die Zeit findet, steht Chef Marc Gstader selbst am Grill und bereitet für die Gäste seine hausgemachten „Original Alter Simpl Rostbratwürste“, verschiedene Spieße oder Rinderlendchen zu. Gegrillt wird ausschließlich auf Buchenholz, das in der gesamten Wirtschaft in alter Tradition unter den Sitzbänken gelagert wird. Insgesamt zehn Ster bestes Buchenholz werden so auf einmal im Alten Simpl bevorratet. Die Gäste sitzen an fünf schweren Holztischen mit jeweils eigener Rundbank um den zentralen Grill. Der Raum ist teilweise bis zur Decke mit Holz vertäfelt, teilweise ist das Fachwerk sichtbar. Massive Holzbalken und der alte Dielenboden zeugen vom Alter des Hauses, die Dekoration an den Wänden von der Tradition der Gastwirtschaft: Alte Zeitungsausschnitte und Fotos der Familie oder prominenter Besucher des Alten Simpl mischen sich unter Bierkrüge, Zinnteller und Schnitzereien. Typisch für die 1970er-Jahre: Ochsenjoche als Halterungen für die Lampen und bunte Butzenscheiben.

Ein Jahr nach der Brotzeitstube wurde die Trinkstube eingeweiht. Ein klassisch-grüner Kachelofen und unzählige, zum Teil sehr alte Musikinstrumente an den Wänden bestimmen das Bild. Geige, Kontrabass, Zither, Quetschkommode, Glocken und vieles mehr erklären den inoffiziellen Namen: Musikzimmer. In einer Ecke ehren aufgehängte Porträts verstorbene Freunde, Verwandte und Kollegen.

Anfang der 1980er-Jahre wurde das Obergeschoss ausgebaut. Über ein im Original verbliebenes, schmales Holztreppenhaus gelangt man in die weiteren vier Stuben des Hauses. Die Ofenstube hat ihren Namen vom großen Ofen, in dem in den ersten Jahren nach der Eröffnung noch Zwiebelkuchen, Raclette oder Ofenkäse für die Gäste bereitet wurden. Mittlerweile ist ein altes Stockbett darüber aufgebaut, und nur noch die als Dekoration genutzten Küchengeräte erinnern an den früheren Verwendungszweck des Holzofens. Die Ofenstube besteht, wie alle vier Stuben im Obergeschoss, ausschließlich aus Holz. Allerdings ist nur hier die Decke künstlerisch bemalt. Die bunten Verzierungen stammen von einem mainfränkischen Kirchenmaler, der diese Arbeit in den 1980er-Jahren hier anbrachte. Porzellanteller bilden in Regalen oder einzeln an der Wand hängend den Großteil der Dekoration.

Offen geht es von hier in die Bembelstube, die ihren Namen den dickbauchigen Steinzeugkannen verdankt, die in südhessischen Gaststätten zum Ausschenken von Ebbelwoi (Apfelwein – wer aus der älteren Generation erinnert sich nicht an Otto Höpfner oder Heinz Schenk, Lia Wöhr und Reno Nonsens im Blauen Bock?) benutzt werden und hier in großer Stückzahl über der Theke hängen. Diese besteht passend aus einer alten Weinpresse aus dem Jahr 1924. Eine quer darauf montierte Eichenholzplatte macht aus der historischen Presse die perfekte Theke für die Weinstube. Handschriftliche Widmungen zufriedener Gäste der letzten Jahrzehnte zieren die Wände.

Die zahlreichen Puppenstuben, die auf etwa zwei Metern Höhe auf einer Ablage an der Wand aufgereiht sind, geben der Puppenstube ihren Namen. Den Mittelpunkt bildet eine Miniaturwirtsstube mit Miniofen, Ministühlen und kleinen Krügen und Porzellantellern an der Wand.

Der letzte Raum des Hauses ist gleichzeitig auch bei kleinen Gruppen bis 13 Personen der beliebteste: die Skihütte. Hier haben sich die leidenschaftlichen Skifahrer Rudolf und Christa Gstader ihren Traum der eigenen alpinen Skihütte erfüllt. Ein von ihnen eingebautes Tonnengewölbe macht den hölzernen Raum relativ hoch und schafft an den Wänden den nötigen Platz für lange Dekorationsgegenstände wie alte Holzskier, Skistöcke, traditionelle Rücksäcke sowie Bindungen und Skischuhe aus Leder. Eine massive Holzkonstruktion hält drei Lampen direkt über dem einzigen Tisch, ein einzelnes Fenster mit buntem Butzenglas sorgt für natürliches Licht. Neben den historischen Ausrüstungsgegenständen verweisen die privaten Urlaubsfotos der Familie noch einmal auf die Liebe zum Skifahren sowie zum Nachbarland Österreich und schaffen mitten in Erlangen Urlaubsstimmung.

Und sollte das Wetter im Sommer mal wieder so schön sein, dass man partout nicht nach drinnen möchte, dann ist auch die Lösung dafür ganz simpel: Direkt vor der Eingangstür befindet sich der Biergarten. Mit dem ungestörten Blick auf die 1728 erbaute deutsch-reformierte Christuskirche, die 1953 in ein Gemeindezentrum umgewandelt wurde, lassen sich die selbstgegrillten Spezialitäten des Hauses ebenso gut genießen wie im Wirtshaus selbst.

Alter Simpl

Bohlenplatz 2
91054 Erlangen

Telefon 09131 / 25626

www.alter-simpl.com

Öffnungszeiten:
Montag–Freitag
10:00–01:00 Uhr
Samstag
10:00–16:00 Uhr
Durchgehend warme Küche
Montag–Freitag
10:00–21:45 Uhr
Samstag
10:00–14:45 Uhr
Ruhetag: Sonntag

6

Gasthaus zum goldenen Schwan in Nürnberg-Grossgründlach

Wir finden uns mitten im seit Jahrhunderten wegen seiner Gemüse- und insbesondere Zwiebelzucht bekannten Knoblauchsland zwischen Nürnberg, Fürth und Erlangen wieder. In Großgründlach, das sich aufgrund seiner frühen urkundlichen Nennung im Jahr 1021 als ältester Stadtteil Nürnbergs betrachten darf, dominiert – neben der Laurentiuskirche und dem Familienschloss der Haller von Hallerstein (Hallerschloss) – das Gasthaus zum goldenen Schwan an der Hauptstraße das Ortsbild. Seine Geschichte reicht nach den Aufzeichnungen des Schlossarchivs wohl bis zum Anfang des 15. Jahrhunderts zurück, als hier, in der damals sogenannten Oberen Schenk, bereits Bier ausgeschenkt worden sein soll. Ab 1498 belegen die Unterlagen dann sicher, dass im heutigen Goldenen Schwan Gastlichkeit gepflegt wurde, wobei der Name erst ab 1692 schriftlich nachweisbar ist. In seiner heutigen Form erhebt sich das giebelständige, aus Sandsteinquadern errichtete Gebäude mit dem mächtigen

Satteldach seit 1776, nachdem es im Jahr zuvor bis auf die Grundmauern niedergebrannt war. Die Jahreszahl des Wiederaufbaus ziert das schön profilierte Sandsteinportal der Eingangstür.

Seit dem Jahr 1904 findet sich in den Besitzurkunden dann nur noch der Name der Familie Popp, die den Goldenen Schwan seitdem führt. Seit 1989 zeichnet Walter Popp in dritter Generation verantwortlich für das Haus und die Gastwirtschaft. Dass sein persönlicher Lieblingsplatz im Haus die alte Gaststube geworden ist, verdankt der gelernte Koch aber einem Zufall mit weitreichenden, bis heute sichtbaren Folgen. Im Jahr 1963 hatten seine Eltern geplant, das damals noch nicht unter Denkmalschutz stehende Wirtshaus von Grund auf zu renovieren. Wände sollten herausgerissen, die Decke verkleidet und andere gewaltsame Eingriffe vorgenommen werden. Aber just damals führte der Zufall, genauer: eine Exkursion, Professor Wunibald Puchner von der Nürnberger Akademie der Bildenden Künste mit seinen Studenten nach Großgründlach. Bei einer Einkehr in den Goldenen Schwan lernten sich Popps Vater und der Innenarchitekt und Bildhauer kennen und tauschten sich über die geplanten Baumaßnahmen aus. Puchner erkannte das große Potenzial des alten Gebäudes und überzeugte Popp, von

Die Gaststube wurde bereits in den 1960er-Jahren originalgetreu restauriert

Die Eingangstür aus dem Jahr 1776 faszinierte auch den Schauspieler Götz George

seinem Vorhaben abzulassen. Stattdessen entwickelte der aus Deggendorf stammende Universitätsprofessor ein eigenes Konzept und setzte dieses gemeinsam mit der Familie Popp und den Studenten um. Möglichst viel Altes sollte erhalten bleiben, und was nicht mehr zu retten war, wurde im ursprünglichen Stil ersetzt. Die nicht mehr brauchbaren Bodendielen wichen beispielsweise einem seltenen Restposten an Fliesen, den Puchner eigenhändig besorgte. Bei Trödlern fand er einen alten Vorderlader, einige Ochsenjoche, ein ausgedientes Posthorn und andere Antiquitäten und verwandelte sie in – für die damalige Zeit – extravagante Ausstattungsstücke. Die den gesamten Raum zierende Holzvertäfelung wurde behutsam im bisherigen Stil erneuert, die umlaufende Sitzbank gar nicht erst angefasst.

Die deutlichsten Spuren hinterließen der Künstler und seine Studenten allerdings im Thekenbereich. Die alte Schanktheke wurde ausgetauscht und die Wand dahinter mit hellen Fliesen gekachelt. Diese wurden anschließend von den Studenten mit Ornamenten verziert, und Puchner, der spätere Präsident der Nürnberger Akademie, ließ es sich nicht nehmen, sich selbst durch einige handgezeichnete Bilder auf den Fliesen zu verewigen. So malte er beispielsweise den ersten Maitanz, ein spontanes Fest seiner Klasse von 1963, vor der Kulisse des Goldenen Schwans, oder auch die Vertreibung aus dem Paradies, womit er auf den Rauswurf seiner Studenten aus dem Schlossgarten anspielte, wo sie kurz zuvor ohne Genehmigung gezeichnet hatten. Für besondere Aufregung sorgte seinerzeit seine Darstellung zweier nackter Frauen. Die Aufregung darüber hat sich

Vertreibung aus dem Paradies – bemalte Kacheln hinter der Schanktheke

natürlich längst gelegt und die blau-weißen Kacheln erfreuen bis heute in unveränderter Form den Betrachter. Erhalten blieb auch die stützende Holzsäule in der Mitte des Raumes.

Ein wenig anders sieht es in der neuen Gaststube aus, die Walter Popp 1989 einrichtete. Über der Holzvertäfelung an der Wand haben der namensgebende Schwan und Geflügel jeglicher Couleur in Form von Porzellan-, Ton- oder Holzfiguren ihren Platz gefunden. An den Wänden hängen gerahmte, handgezeichnete und handgeschriebene Einladungen zum Tanz in den Mai, wie sie seit 1963 an die Studenten der Klasse von Professor Puchner ergangen sind. Dieser hat sie gesammelt und Walter Popp zur Eröffnung der neuen Stube geschenkt.

In den Biergarten im Hof hinter dem Haus gelangen wir entweder durch die Gastwirtschaft oder außen herum durch einen Rundbogen aus dem 18. Jahrhundert, über dessen massiven Sandsteinquadern das Relief eines stilisierten Schwans zwischen zwei barocken Voluten prangt. Auch die Eingangstür des Goldenen Schwans verdient Beachtung. Sie stammt vom Wiederaufbau 1776 und hat, nach der Erzählung von Walter Popp, den jüngst verstorbenen Schauspieler Götz George zu einem spontanen Kaufangebot animiert. Popp widerstand und die massive Holztür mit ihren kunstvollen Beschlägen wird noch heute von den Gästen des Goldenen Schwans geöffnet.

Ochsenjoche und ein alter Vorderlader dienen als Lampenaufhängung

Gasthaus zum goldenen Schwan

Hauptstraße 41
90427 Nürnberg

Telefon: 0911 / 301674

Öffnungszeiten:
Freitag ab 18:00 Uhr
Sonntag 11:30–13:15 Uhr
und ab 18:00 Uhr

7

Gaststätte Der Zwinger Melber in Lauf an der Pegnitz

Am Osthang des Schlossberges in der Stadt Pegnitz, Landkreis Bayreuth, entspringt der gleichnamige Fluss und vereinigt sich nach ca. 113 km in südöstlicher Richtung in Fürth mit der linken Rednitz zur Regnitz. Bereits im Mittelalter war der Fluss ein wichtiger wirtschaftlicher und infrastruktureller Faktor in der Region. Die Menschen betrieben Fischfang in den Gewässern, Mühlen siedelten sich entlang des Laufs an. Nach etwa zwei Dritteln des Wasserwegs weist die Pegnitz mit 6 m auf 500 m ihr stärkstes Gefälle auf. Diese Naturkräfte wollte man sich freilich zunutze machen. Ab dem 11. Jahrhundert entstand daher an dieser Stelle eine Siedlung, die im Jahr 1355 unter Kaiser Karl IV. zur Stadt erhoben wurde und die wir heute unter dem Namen Lauf an der Pegnitz kennen. Der Name leitet sich her vom mittelhochdeutschen Wort „loufen“ und bedeutet so viel wie „zu dem (Wasser-)Lauf“ oder „zu dem (Wasser-)Fall“.

Für Kaiser Karl IV. war Lauf insbesondere als Standort an der Goldenen Straße zwischen Nürnberg und Prag von Interesse. Diese wichtige Handelsroute führte viele Kaufleute und Reisende in die aufblühende Stadt. Aus nordöstlicher Richtung kommend, passiert man auch heute noch zuerst das Zollhaus und dann das Hersbrucker Tor als Teil der inneren Stadtbefestigung. Zwischen diesen beiden Gebäuden, eng an das

Stadttor geschmiegt, empfängt das Wirtshaus Der Zwinger Melber Reisende und Besucher der mittelfränkischen Kreisstadt. Seit 1799 steht das sorgsam restaurierte, schmucke Haus mit Mansarddach, Sandsteinerdgeschoss, hellem Fachwerkobergeschoss und -giebel.

Als Wirtshaus ist es allerdings noch recht jung: Im Jahr 1999 öffnete es erstmals als Schankstatt seine Pforten. Den überlieferten Hausnamen „Zwinger Melber" übernahm Pächter Siegfried Bachmann, seit der ersten Stunde Wirt in der Hersbrucker Straße 1, um damit auch der Geschichte des Anwesens gerecht zu werden: Bis 1970 wurde hier nämlich noch ein Bauernhof betrieben, früher mitsamt einer Mehlhandlung. Als Zwinger Melber wurde also früher der Mehlhändler zwischen der äußeren und der inneren Stadtmauer, dem Zwinger, bezeichnet. Der Hof war zugleich der letzte aktive Bauernhof im Stadtgebiet. Durch den zunehmenden Verkehr und die sich verändernde Infrastruktur musste die Bewirtschaftung letztendlich aufgegeben werden.

Vorstellen kann man es sich aber immer noch gut, wie kleine Fuhrwerke zum Be- und Entladen durch das niedrige Tor in die Tenne, den heutigen Gastraum, fahren und Bauern und Gesinde hier in der Mehlhandlung mit Mehl, Getreide, Brotkörben und ähnlichen Dingen handeln. Das sichtbare Fachwerk, die mit Ochsenblut gestrichene, verwitterte Holzdecke und der knisternde Lehmofen zeichnen ein ursprüngliches Bild. Massives Mobiliar ohne viel Schnickschnack fügt sich passend ein.

Rechter Hand der Tenne sitzt man in der kleineren, ganz und gar holzverkleideten Biedermeierstube in etwas hellerem Ambiente. Namensgebend ist die feine Verzierung unterhalb der Decke. Zu Zeiten des Bauernhofs war hier noch die Wohnstube, im ehemaligen Schlafzimmer befindet sich heute die Küche. Dank der guten Beziehung zu den Eigentümern war Familie Bachmann schon während der Rohbauphase in alle Planungen eingebunden und konnte die Raumaufteilung ganz nach ihren Vorstellungen gestalten. „Eine spannende Sache", wie Siegfried Bachmann erzählt. Schließlich konnte man nicht wissen, ob nach der kräfte- und finanzenzehrenden Umbauphase auch die Kundschaft mit dem Ergebnis zufrieden sein würde.

Die Gasträume in dem ehemaligen Bauernhaus mit Holzdecke und Fachwerk von 1799

Doch die Kundschaft fühlt sich sichtlich wohl im Zwinger Melber. Sie lobt die gemütliche Atmosphäre, den freundlichen Service und nicht zuletzt natürlich die gepflegte fränkische Küche, die hauptsächlich von Claudia Bachmann besorgt wird. Besonders beliebt sind ihre hausgemachten Dressings, die den saisonalen Salaten einen originellen Schliff geben. Für Abwechslung sorgen ausgesuchte Gerichte nach südländischer Manier oder wechselnde Steaks vom Grill. Was für den einen der fränkische Sauerbraten mit Lebkuchensoße, Blaukraut und Brezelknödel ist, ist für den anderen eben das Rinderfiletsteak auf Whiskey-Orangen-Pfeffersoße. Wer sich schlecht entscheiden kann, gönnt sich am besten eine „Schaufel voll Mist" – eine deftige Auswahl unterschiedlicher fränkischer Spezialitäten. Ebenso werden Vegetarier auf der Karte gut und gerne auch individuell bedient.

Dieser freundliche und bodenständige Umgang, verbunden mit der vielfältigen, frischen Küche, trifft den Geschmack der Laufer wie der Besucher gleichermaßen. Gerne feiert man hier Hochzeiten und Geburtstage, und KFZ-Kennzeichen aus der Umgegend auf dem eigenen Parkplatz hinter dem Haus zeugen davon, dass sich der Zwinger Melber herumgesprochen hat. Mindestens genauso gut aufgehoben wie im Inneren ist der Gast im Wirtsgarten neben der Wirtschaft. Von Bäumen und Schirmen beschattet, eingefasst von einer Mauer, findet man hier ein ruhiges Rückzugsplätzchen. Einen kleinen Spielplatz gibt es auch in Sichtweite.

Der Zwinger Melber hat sich wahrlich gut etabliert in Lauf und Umgebung. Familie Bachmann schreibt begeistert und liebevoll am nächsten Kapitel in der Geschichte des alten Bauernanwesens und hat die alteingesessene fränkische Stelle mit einem modernen fränkischen Konzept neu belebt.

Gaststätte Der Zwinger Melber

Hersbrucker Straße 1
91207 Lauf

Telefon: 09123 / 983214

www.zwinger-melber.de

Öffnungszeiten:
Dienstag–Freitag
11:00–14:30 Uhr
und 17:00–23:00 Uhr
(Mai–September durchgehend)
Jeden letzten Mittwoch im Monat auch nachmittags geöffnet
Samstag und Sonntag
11:00–23:00 Uhr
Ruhetag: Montag

8

Altes Rathaus in Lauf an der Pegnitz

Der Marktplatz der Stadt Lauf an der Pegnitz trägt noch heute ein typisch mittelalterliches Aussehen: Der langgezogene Platz, begrenzt durch die schön renovierten Fachwerkhäuser und die beiden Stadttore, liegt an der Johanniskirche. Er wurde im 13. Jahrhundert angelegt, um die wirtschaftlichen Vorteile der Nähe zur Goldenen Straße zwischen Nürnberg und Prag zu nutzen. Im 14. Jahrhundert ließ die Stadt in der Mitte des Platzes ein Rathaus errichten, das vermutlich aus einer einstigen Markthalle hervorging. Im Erdgeschoss befanden sich diverse Verkaufsstände, insbesondere für Fleisch und Brot. Für unterschiedliche Feierlichkeiten und für Stadtratssitzungen fand das Obergeschoss Verwendung. Das Gebäude veränderte sein Aussehen im Lauf der Jahrhunderte auf Grund vieler An- und Umbauten immer wieder. Seit 1937 hat der freistehende, zweigeschossige Bau sich aber – zumindest äußerlich – nicht mehr gewandelt.

Damals wie heute dient der Marktplatz, das Herz der Stadt, als beliebter Treffpunkt, doch finden wir seit 1978 kein Rathaus mehr in dem alten Sandsteinbau mit seinen rot-weißen Fensterläden, sondern eine gutbürgerliche Gastwirtschaft mit bodenständigen, fränkischen Gerichten. Diese Tatsache verdankt sich dem Wirtsehepaar May-Britt und Werner Weißgerber. 1976 war das Rathaus aus Platzgründen in das ehemalige Landratsamt umgezogen, das man wiederum an anderem

Standort neu errichtet hatte. So stand das einstige Rathaus leer, bis schließlich der Weltenbummler Werner Weißgerber die Initiative ergriff: Der gebürtige Nürnberger, der sich erst ein Jahr zuvor in Lauf niedergelassen hatte und zusammen mit seinem Bruder das Bratwurststüberl führte, hatte recht bald die Idee, das Haus zu einer Gastwirtschaft umzubauen. Zwei Jahre dauerte es schließlich, bis sich sein Traum, den von Anfang an auch seine Frau May-Britt teilte, erfüllen sollte.

Wenn man weiß, dass ursprünglich allerlei Händler das Gebäude nutzten, um ihre Waren feilzubieten, sind die Größe der Gaststube und vor allem die Höhe der Decken nicht weiter verwunderlich. Die schweren Stützbalken und die Eckbanknischen gliedern den Raum und sorgen für rustikale Wohlfühlatmosphäre. Verstärkt wird diese durch den runden, eigens angefertigten Raumteiler. Verziert durch dunkelgrüne Kacheln und einen runden Metallkranz, der als Träger der Lampenschirme dient, bildet er den Blickfang der Gaststube. Doch er hat nicht nur eine optische, sondern auch eine praktische Funktion: Um ihn herum befinden sich Sitzplätze mit kleinen, dazu passenden, abgerundeten Tischen.

Der Chef kocht hier immer noch selbst. Nicht nur weil Essen seine Leidenschaft ist, wie er zugibt, sondern auch, weil er durch seine vielen früheren Arbeitsplätze an den unterschiedlichsten Orten der Welt einige Erfahrung mit ins Haus bzw. in die Küche bringen konnte. Zwar stehen auch leichtere, mediterrane Speisen auf dem Programm, aber der Fokus der Speisekarte liegt ganz klar auf den fränkischen Köstlichkeiten. Deswegen kommen Gäste aus Lauf und auch aus der Umgebung immer wieder gerne hierher. Bekannt ist das Alte Rathaus vor allem für seine Wild- und Fischgerichte; letztendlich aber geht dem waschechten Franken nichts über ein frisches Schweine- oder Lammschäufele! Außerdem ist Wirt Werner fest davon überzeugt, dass er mit der besten Fischsuppe in ganz Mittelfranken aufwarten kann. Zwar räumt er das etwas gehobene Preisniveau ein, weswegen man viel-

Links: Origineller Raumteiler in der Gaststube.
Unten: Der festlich eingedeckte Saal im ersten Stock

leicht nicht jeden Tag zum Essen hierher komme, doch mit Flair und kulinarischer Finesse habe er viele Stammgäste gewonnen. Gerade am Wochenende empfiehlt sich also eine Reservierung.

Ins Obergeschoss des Hauses gelangt man nur über eine Holzwendeltreppe, weswegen Wirt Werner scherzhaft behauptet, seine Bedienungen hätten die schönsten Wadeln in ganz Lauf. Im ersten Stock gibt es einen großen Saal für bis zu 60 Personen und einen kleineren mit 20 Plätzen. Letzterer verfügt sogar über einen kleinen Balkon, von dem aus man seinen Blick über den Marktplatz schweifen lassen kann.

Den Freisitz vor dem Alten Rathaus gab es anfangs noch nicht, da das Wirtshaus damals in den Sommermonaten noch geschlossen war. Heute aber hat man hier die Möglichkeit, das illustre Treiben am Marktplatz unter freiem Himmel zu beobachten und etwa zu verfolgen, wie die vielen Kinder am nebenan liegenden Brunnen spielen und sich abkühlen. Vielleicht sieht man auch einen der beiden Störche, die sich ein paar Häuser weiter ihr Nest gebaut haben, seine Kreise ziehen. So ist und bleibt der Marktplatz mit seinem einladenden Alten Rathaus in der Mitte das Herzstück der Stadt Lauf.

Altes Rathaus

Marktplatz 1
91207 Lauf an der Pegnitz

Telefon: 09123 / 2700

www.altes-rathaus-lauf.de

Öffnungszeiten:
Dienstag–Sonntag
11:00–14:00 Uhr
und 17:00–22:00 Uhr
Ruhetag: Montag

9

Gasthof Assmanns Bammes in Nürnberg-Buch

Aßmanns Bammes – da fragt sich doch sofort ein jeder: Wer oder was ist ein Bammes? Ganz einfach: Der Bammes hieß mit Vornamen Christoph und übernahm 1892 als Wirt den Betrieb im Goldenen Adler; so lautete damals noch der Name des Wirtshauses in Buch. Er hat die Gastwirtschaft derart geprägt, dass man seitdem schlicht und einfach „zum Bammes" ging, wenn man das Wirtshaus meinte. Doch dieser Betrieb blickt noch auf eine viel längere Historie zurück. Bereits 1425 wird hier erstmals ein Gasthaus erwähnt. Buch, 1924 nach Nürnberg eingemeindet, liegt etwa sieben Kilometer nordwestlich des historischen Stadtkerns. Es wird erstmals im Jahre 1273 als eine Gründung der Herren von Berg urkundlich genannt, bevor dann ab 1427 die Reichstadt Nürnberg die Herrschaft über Buch ausübte. Sowohl im zweiten Markgräflerkrieg (1552–54) als auch während des Dreißigjährigen Krieges (1618–48) wurde das Dorf nahezu vollständig zerstört.

Das zweigeschossige, traufständige Wirtshaus mit Satteldach und Fachwerkgiebel steht, dem eigentlichen Ortskern von Buch südlich vorgelagert, ortsbildprägend an einer Straßenkreuzung, die damals an einer rege befahrenen Handelsroute lag. Es stammt wohl aus dem ausgehenden 18. oder frühen 19. Jahrhundert. Im Inneren gibt es zwei Gaststuben, die noch

Links: Mindestens seit 1425 steht an dieser Stelle ein Wirtshaus. Der heutige Bau wurde vor etwa 200 Jahren errichtet.
Unten: Eine der holzvertäfelten Gaststuben

die originale Bohlenbalkendecke aufweisen. Ein grüner Kachelofen ziert darüber hinaus die linke Stube.

Seit jeher erfreute sich das Wirtshaus großer Beliebtheit, und es ranken sich zahlreiche Geschichten um das Bammes, die nicht immer archivalisch bestätigt werden können, sich aber hartnäckig als Erzählgut halten. So soll angeblich der Bucher Wirt mit seinem Fuhrwerk den Stamm der mächtigen Linde transportiert haben, aus dem Veit Stoß den berühmten „Englischen Gruß“ von 1517/18, heute in der Nürnberger St. Lorenzkirche zu sehen, schnitzte. Historisch belegt hingegen ist, dass in dem damals noch Schwarzer Adler genannten Wirtshaus schon 1573 den Gästen Spargel serviert wurde, der in Mitteleuropa erst zu Beginn des 17. Jahrhunderts allgemeine Bekanntheit erreichte. Im ersten Viertel des 18. Jahrhunderts legte der damalige Wirt namens Geiger nach und tischte erstmals Kartoffeln auf, die ab 1720 am Schoppershof angebaut wurden. Im Jahre 1806 bewirkten die großen politischen Umwälzungen in der europäischen Politik im Gefolge der Französischen Revolution eine Namensänderung bei unserem Gasthof im kleinen Ort Buch: Nach dem Ende der seit 1796 andauernden preußischen Verwaltung wurde er vom Schwarzen in den Goldenen Adler umbenannt, um jeglichen Anschein der Zugehörigkeit zum preußischen Herrschaftshaus zu tilgen. Buch gehörte nun, wie das ganze Knoblauchsland, dem Königreich Bayern an.

Als 1939 die Familie Behringer in die Familie Bammes einheiratete, blieb der gewohnte Name jedoch weiterhin bestehen, wobei die Behringers inzwischen selbst eine bekannte Größe in der Nürnberger Gastronomieszene sind. Heute gehören der Familie das Bratwurstglöcklein, das Goldene Posthorn und das Bratwursthäusle in Nürnberg, die alle in diesem Buch gewürdigt sind.

Seit Juni 2016 ist Eduard Aßmann Küchenchef im Bammes, der seinerseits vorher zehn Jahre lang den Schwarzen Adler in Kraftshof führte und jetzt im Bucher Wirtshaus erneut auf einen einstigen

Die Stube im Anbau mit offenem Giebel

Schwarzen Adler trifft. Auch im Logo des Gasthauses wird spürbar, dass Tradition für Aßmann eine Rolle spielt, ohne dabei rückwärtsgewandt zu sein. So kam der Aßmann im Lokalnamen hinzu, während der Bammes blieb, und wer genau hinschaut, der erkennt auch noch den Verweis auf den einstigen Namen des Wirtshauses: einen stilisierten goldenen Adler. Tradition in Verbindung mit dem Blick nach vorne – so könnte man auch die Speisekartenausrichtung von Küchenchef Aßmann beschreiben. In der Tradition des Hauses hat er sich der Regionalität verschrieben. So kommt das Gemüse noch immer aus dem nahen Knoblauchsland, das Fleisch von regionalen Metzgereien im Nürnberger Umland und das Bier von der Brauerei Tucher. Angeboten werden typisch fränkische Schmankerl wie Schäufele, Rindsroulade, fränkische Bratwürste oder Beuscherl vom Reh; daneben serviert Aßmann internationale Klassiker wie Riesengarnelen mit Ratatouille und Wildreisplätzchen oder Tafelspitzsülze mit Pfifferlingsvinaigrette.

Im Aßmanns Bammes pflegen die „Kerwabuben", der Schützen- sowie der Männergesangverein ihre Stammtische. Die seit 2011 bestehende Zusammenarbeit mit der „Kleinkunstbühne Bammes" bietet zudem zu ausgewählten Terminen die Möglichkeit, sich erst von Küchenchef Aßmann kulinarisch im angrenzenden Festsaal verwöhnen zu lassen und im Anschluss wahlweise eine Kabarettveranstaltung, eine Magiervorführung oder ein Konzert zu genießen. Hier treten dann schon einmal Größen wie Lizzy Aumeier oder Ottfried Fischer auf, und auch der Nürnberger Lokalmatador Bernd Regenauer, Träger des deutschen Kabarettpreises, gibt sich auf der Bühne die Ehre.

Man sieht, das Bucher Wirtshaus war schon immer ein Vorreiter, sei es, dass es seine Gästen in früheren Zeiten mit bis dahin unbekannten Köstlichkeiten überraschte, oder dass es in der Gegenwart eine erfolgreiche Eventlocation in Nürnberg an den Start brachte – und das ganz unabhängig davon, ob der Bammes-Adler schwarz oder golden ist.

Gasthof Aßmanns Bammes

Bucher Hauptstraße 63
90427 Nürnberg-Buch

Telefon: 0911 / 9389520

www.assmanns-bammes.de

Öffnungszeiten:
Dienstag 17:30–21:30 Uhr
Mittwoch–Sonntag
11:30–14:00 Uhr
und 17:30–21:30 Uhr
Ruhetag: Montag

10

Restaurant & Biergarten Lutzgarten in Nürnberg-Grossreuth

Im ersten Viertel des 19. Jahrhunderts war Großreuth noch ein kleines Dorf nördlich der Nürnberger Kaiserburg (daher auch der frühere Name Großreuth hinter der Veste). Hier lebten damals keine 200 Einwohner, verteilt auf 35 Gebäude, was jedoch dem damaligen Ruf Großreuths als „vorzüglichster Belustigungsort um Nürnberg" keinen Abbruch tat. Dies hat nicht zuletzt etwas mit dem dort bereits seit 1853 nachweisbaren Gasthaus zu tun, das mit seiner Lage unmittelbar am Nürnberger Marienbergpark im 19. Jahrhundert als Lutz'sches Kaffeehaus bzw. „Café und Restauration Pet. Lutz" besondere Berühmtheit erlangen sollte.

Das spätere Gasthaus mit Hofstelle und dazugehörigen Nebengebäuden wurde wohl um das Jahr 1705 erbaut. Der eingeschossige, verputzte Satteldachbau ist giebelständig zur heutigen Großreuther Straße orientiert, während sich östlich davon ein zweigeschossiges Nebengebäude mit Fachwerkoberstock und Walmdach in einer Ecksituation anschließt. Es datiert wohl erst ins ausgehende 18. oder frühe 19. Jahrhundert. Zur Hofstelle gehörten damals ein eigener Zugbrunnen – sein Schacht ist heute verfüllt – sowie ein baumbestandener hinterer Hofbereich, der spätestens seit der nachweisbaren Gaststättennutzung im Jahre 1853 als schattiger Biergarten diente.

Im Inneren der Gaststätte sind die Geschichte des Lutzgartens und seine Popularität im 19. Jahrhundert noch wirk-

lich greifbar. Neben den bemalten Wandbänken, den barock geohrten Türen, der Bohlenbalkendecke und dem Kachelofen mit Motivfliesen zeigen nicht wenige der zahlreichen historischen Ansichtskarten, Originalgrafiken, Gemälde und Fotografien das damalige „Lutz'sche Kaffeehaus" und seine honorigen Gäste, damals die Stammlokalität der sogenannten Morgengesellschaft, eines institutionalisierten Kreises angesehener Nürnberger Bürger, die sich drei bis vier Mal in der Woche frühmorgens, egal ob sommers oder winters, zu Fuß auf den Weg nach Großreuth machten, um dort im Lutzgarten einen liberalen Gesprächskreis zu pflegen und gemeinsam ihr Frühstück einzunehmen. Spätestens um acht Uhr war dann jeder wieder an seinen Arbeitsplatz in Nürnberg zurückgekehrt. Treffpunkt war dabei wohl stets das Nürnberger Maxtor, von wo man sich auf den halbstündigen Fußmarsch über die Rollnerstraße in Richtung Großreuth begab. Hier hatte man damals noch einen weiten Blick über das Knoblauchsland, wo früher wie heute das Gemüse des Nürnberger Umlandes angebaut wurde.

Die Großreuther Morgengesellschaft war kein eingetragener Verein, trat aber durchaus als gefestigte und karitativ engagierte Gruppierung auf. Ihre Mitglieder kamen aus dem gehobenen Nürnberger Bürgertum, darunter Ärzte, Anwälte, Gymnasiallehrer, Handwerksmeister und Privatiers. Gemäß dem liberalen Motto der Vereinigung „Jeder kann thun was er will", trafen sich im Lutzgarten auch illustre Persönlichkeiten wie der gelernte Drechslermeister und Mundartdichter Georg Falkner (1858–1944), der Maler und Bildhauer August von Kreling (1819–1876) und der wohl bekannteste „Frühaufsteher", Ludwig Ritter von Gerngroß (1839–1916), ein Kaufmann und

Oben: Schlange mit Hutstangen unter der historischen Bohlenbalkendecke.
Rechts: Ein Kachelofen gehört einfach dazu!

Das Wappen der liberalen Morgengesellschaft, die sich im früheren „Lutz'schen Kaffeehaus" regelmäßig unter dem Motto traf: „Jeder kann thun was er will."

Mäzen, der in Nürnberg unter anderem das Luitpoldhaus und die Stadtbibliothek stiftete. Die Liberalität der Vereinigung kam auch darin zum Ausdruck, dass ihr sowohl Frauen als auch jüdische Mitbürger angehörten. Das ganze Jahr über spendeten die Frühaufsteher zu bestimmten Anlässen für kulturelle und karitative Zwecke in einer Büchse Geld, das dann am zweiten Weihnachtsfeiertag, dem sogenannten Kindleinstag, an Blindeninstitute oder Kinderbewahranstalten in Nürnberg gestiftet wurde. Die Übergabe der Gelder war natürlich mit einer kleinen Feier kombiniert, die – wie sollte es anders sein – morgens früh um fünf Uhr abgehalten wurde.

Zahlreiche historische Gruppenfotos und Grafiken der Frühaufsteher aus unterschiedlichen Jahren sowie das Wappen mit dem Motto der Morgengesellschaft sind noch heute in den Gasträumen zu bestaunen. Das offizielle Wappen zeigt einen Hahn mit einer Kaffeetasse über dem Haupt, einem Hörnchen in der einen und einem Krug in der anderen Kralle, darüber ein Wappenschild mit einer Blendlaterne. Ausgerüstet mit solchen Lichtspendern zogen die hartgesottenen Mitglieder der Morgengesellschaft im Winter noch in der Dunkelheit in Richtung Lutzgarten. Auch hat sich ein geschnitzter zeremonieller Säbel mit Inschrift im Gastraum erhalten, der bei der Verleihung des Knoblauchordens zum Einsatz kam. Hierbei wurde von den mit dem Säbel zum Ritter Geschlagenen Geld für einen karitativen Zweck in einer Büchse gesammelt. Daher trägt der Säbel auch die Inschrift „Empfange nun den Ritterschlag, ich hau dich naf so arg ich mag, sonst sag ich aber nix'n, denk immer an die Büchs'n".

In den 1930er-Jahren zogen nicht nur über Deutschland und Nürnberg, sondern auch über der Großreuther Morgengesellschaft dunkle Wolken auf. 1931 erwarben Heinrich und Babette Hofmann die florierende Gaststätte in Großreuth, die auch dank der Frühaufsteher zum beliebten Ausflugsziel von Alt und Jung geworden war. 1933 sollten die Wirtsleute in ihrem Lokal das Schild „Nicht für Juden" anbringen, was die Betreiber des Lutzgartens, die ja stets auch jüdische Mitglieder der Morgengesellschaft bewirtet hatten, ablehnten. Auf massiven Druck hin und nach Hetze und Diffamierung in der Propaganda-Zeitung „Der Stürmer" knickten die Wirtsleute ein, was wahrscheinlich auch der Anfang vom Ende der Großreuther Morgengesellschaft war. Der Wirt Hofmann wurde gegen Kriegsende einberufen und geriet in amerikanische Gefangenschaft, aus der ihn ein jüdisches ehemaliges

Mitglied der Morgengesellschaft, das im Dienst der Alliierten stand, befreite. Hofmann konnte dann den Betrieb im Lutzgarten wieder aufnehmen.

Seit 1992 führt der gelernte Koch Rüdiger Kortum zusammen mit seinem Sohn Thorsten die Gaststätte sehr erfolgreich als historisches Restaurant. Serviert wird bei Kortums traditionelle fränkische Küche mit Schäufele, Bratenküche, Rindersteaks und zahlreichen Brotzeitgerichten, wobei in ihrer Küche mitunter ein Hauch Experimentierfreudigkeit in der Luft liegt, wenn es gemäß dem Motto der einstigen Morgengesellschaft – „jeder kann thun was er will“ – auch mal „Pute in Blaubeer-Pfeffersoße“ auf der Tageskarte gibt. Sein Essen genießt man in der wunderbar erhaltenen historischen Gaststube, wo man bei einem Bier aus der Brauerei Kitzmann den Blick über die zahlreichen Relikte und Fotos der einstigen Morgengesellschaft schweifen lassen kann. Bei schönem Wetter lohnt es sich, im Biergarten unter den hohen Linden- und Ahornbäumen bei einem zweiten Seidla nochmals das Motto der liebenswerten Morgengesellschaft in aller Ruhe zu verinnerlichen – aber bitte nicht schon morgens um fünf!

Barocke Türen führen in die Gaststube

Restaurant & Biergarten Lutzgarten

Großreuther Straße 113
90425 Nürnberg-Großreuth

Telefon: 0911 / 358000

www.lutzgarten.de

Öffnungszeiten:
Dienstag–Sonntag
11:30–14:30 Uhr
und 17:30–21:30 Uhr
Ruhetag: Montag

Hotel & Restaurant zur Friedenslinde in Nürnberg-Mögeldorf

Es ist ein lauer Sommerabend. Im Wind säuseln die Blätter der Linde, deren süßer Duft sich mit den verführerischen Aromen von Gegrilltem, Knoblauch und Paprika mischt. Vollmundige Weine aus Slowenien, Mazedonien und Kroatien füllen die Gläser mit samtigem Rot und das Gemüt mit behaglicher Zufriedenheit. Beinahe könnte man meinen, man weile in Istrien, Dalmatien oder der Kvarner Bucht – unweigerlich kommen Urlaubsgefühle auf. – Doch halt! Nicht der wildromantische Balkan ist heute unser Ausflugsziel, sondern der Nürnberger Stadtteil Mögeldorf, zwischen Tiergarten und Wöhrder See. Der Ortsname geht vermutlich auf einen fränkischen Siedler namens Megilo zurück, der hier im 8./9. Jahrhundert einen einzelnen Hof bewirtschaftet haben soll. Erstmals urkundlich erwähnt wird die heute überaus beliebte Wohnlage im Jahr 1025 als „Megelendorf", als König Konrad II. während einer Reise von Regensburg nach Bamberg hier Station machte.

Links: Der Fachwerkbau wurde im 17./18. Jahrhundert errichtet. Aus dieser Zeit stammt auch die rustikale Holzdecke in der Stube (rechts)

Die lange Geschichte des ehemaligen Bauerndorfes ist auch heute noch im Ortsbild erkennbar: In der Mögeldorfer Hauptstraße, an der Ecke zur Flußstraße, birgt ein aus dem 17./18. Jahrhundert stammender Fachwerkbau das Gasthaus zur Friedenslinde, das mittlerweile seit über 25 Jahren die altbewährte fränkische Küche mit südosteuropäischen Spezialitäten zu verbinden weiß. Bis 2014 führte Marija Jerasa das Regiment in der Traditionswirtschaft – eine Institution in Mögeldorf und Umgebung. Da sich die gestandene Wirtin und leidenschaftliche Köchin mit 70 Jahren entschied, in den wohlverdienten Ruhestand zu gehen, liegt das Wirtshaus nun in den Händen ihrer Nachfolgerin Natalia Voscoboinicov.

Die Speisekarte mit fränkischen und jugoslawischen Gerichten hat die ausgebildete Einzelhandelskauffrau, Erzieherin, Kinderpsychologin und jetzt auch Wirtin aus Moldawien so gelassen, wie die Gäste sie seit jeher schätzen und lieben. Für die fachgerechte Zubereitung von Ajvar, Djuvec Reis und Ražnjići sorgt ein Koch aus Slowenien. Nichtsdestotrotz lassen auch der Ritter-Teller „Alt Mögeldorf" mit Schweinenackensteak und Bratkartoffeln, das sonntägliche Schäufele und die knusprige Ente bei Liebhabern der fränkischen Kost keine Wünsche offen.

Auch im Inneren der alteingesessenen Gastwirtschaft hat sich für die Besucher nicht viel verändert. Kleine Familienfeiern werden wie eh und je im grünen Salon, der Frankenstube, begangen. Stammtische und andere Gäste fühlen sich in der rustikalen Stube mit der alten Holzdecke wie zu Hause. Natalia Voscoboinicov hat sich gleich in den traditionell-gemütlichen Charme des Hauses verliebt, weswegen sie für überbordende Umbauten und Erneuerungen auch keine Notwendigkeit sah. Nur der feudale Rittersaal hat unter ihrer Regie eine Neugestaltung erfahren. Bis zu 40 Geladene finden an der langen Tafel Platz, umgeben von Rüstungen und Waffen, überspannt von frei eingezogenen Querbalken. Die Leuchter wurden sogar eigens nach den Vorstellungen der Chefin angefertigt.

Für die gefällige Portion Urlaubsstimmung sorgt der umgrünte Biergarten im Hof hinter dem Anwesen – der beste Platz, um im Sommer einen anstrengenden Messetag ausklingen zu lassen oder sich

Rüstung und Waffen im neugestalteten Rittersaal

von einer Wanderung im Lorenzer Reichswald zu erholen. Ein Schoppen Wein tut ein Übriges: Ob rot oder weiß, ob fränkisch oder jugoslawisch – man hat die Wahl. Außerdem hat die namensgebende Friedenslinde hier einen neuen Platz zum Wachsen und Gedeihen gefunden. Früher stand sie nämlich vor dem Haus, dort, wo heute die Straßenkreuzung ist. Mit dem Straßenbau wurde sie umgesiedelt und sorgt nun für Schatten und Atmosphäre im Freisitz der Wirtschaft.

Und wer nach der deftigen Verköstigung (ein sehr zu empfehlender Abschluss ist übrigens einer der köstlichen Palatschinken in verschiedenen Variationen) ein bisschen Bewegung braucht, dem sei ein Spaziergang durch das alte Mögeldorfer Viertel am Kirchenberg ans Herz gelegt. Einmal quer über die Straße ist es fußläufig in zwei Minuten erreichbar. Idyllisch liegt die im 15. Jahrhundert erbaute evangelisch-lutherische Kirche St. Nikolaus und Ulrich oberhalb der Pegnitz. Am Fuße des Kirchenbergs, direkt am Wasser, dreht sich das Rad der Satzinger-Mühle, eine ehemalige Papiermühle. Einige prächtige Herrenhäuser Nürnberger Patrizierfamilien, die im 15. Jahrhundert das Landleben für sich entdeckten, und das ehemalige Hallerschloss vervollständigen den Kern des ursprünglichen Dorfes, das mindestens so alt ist wie die ehemalige Reichsstadt selbst.

Die Friedenslinde im Biergarten

Hotel & Restaurant zur Friedenslinde

Mögeldorfer Hauptstraße 63
90482 Nürnberg

Telefon: 0911 / 5441909

www.gasthof-zur-friedenslinde.de

Öffnungszeiten:
Dienstag und Mittwoch
18:00–22:00 Uhr
Donnerstag–Sonntag
11:00–14:00 Uhr
und 18:00–22:00 Uhr
Warme Küche bis 21:00 Uhr
Ruhetag: Montag

12

Behringer's Goldenes Posthorn in Nürnberg

Wer Nürnbergs berühmtesten Maler Albrecht Dürer (1471–1528) und bedeutendsten Meistersinger Hans Sachs (1494–1576) seine Stammgäste nennen konnte, hat wahrscheinlich alles richtig gemacht. Dies gilt auch für Deutschlands vielleicht älteste Weinstube in Nürnberg, das Goldene Posthorn. Wenn man an Wein denkt, so kommt einem heutzutage freilich nicht unbedingt die mittelfränkische Metropole in den Sinn. Dies war im Spätmittelalter anders: Damals war Nürnberg einer der Hauptumschlagplätze des europäischen Weinhandels. Von dieser Zeit zeugt beispielsweise noch der 1446–48 errichtete Weinstadel am Maxplatz, in dessen Erdgeschoss ab 1571 das reichsstädtische Weinlager eingerichtet war. Er ist mit seinen 48 Metern Länge Deutschlands größter Fachwerkbau.

Das Goldene Posthorn steht an der Nordseite des Sebalder Platzes vis-à-vis der Evangelisch-Lutherischen Pfarrkirche St. Sebald. Urkundlich wird das Wirtshaus 1498 fassbar, als das „Gulden Horn" von Konrad Reinhard für 400 Gulden gekauft wurde. Als Vorbesitzer werden Konrad Mettelbach und Lienhard Staubhorn genannt, sodass davon auszugehen ist, dass es das „Gulden Horn" bestimmt schon seit Mitte des 15. Jahrhunderts gab. Auch darf angenommen werden, dass schon damals Rostbratwürste auf der

Links: Die Albrecht-Dürer-Stube.
Rechts: Die Posthorn-Stube

Karte standen, da in der Verkaufsurkunde auch Wurstdärme zum Befüllen eingeschlossen waren. Dass zumindest Hans Sachs häufiger zu Gast im Goldenen Posthorn gewesen ist, lässt sich einem seiner Schwänke mit dem Titel „Der Krämerskorb" entnehmen. Hier lässt er den Knecht, der mit dem Weinholen beauftragt war, mehrmals das „Gulden Posthorn" nennen. Das einstige Gasthaus war ein schmaler, viergeschossiger Satteldachbau mit Aufzugsgaube, in dessen Erd- und erstem Obergeschoss die Gaststätte untergebracht war, ausgestattet mit Holzvertäfelungen, Kachelöfen, Butzenscheibenfenstern, handgeschmiedeten Gittern und zahlreichen historischen Zinntellern und Krügen sowie mit historischen Stahlstichen, Gemälden und Zunftwappen. Unter dem Gebäude befanden sich zweigeschossige Kelleranlagen, in denen der Wein und das Bier gelagert wurden. Werner Behringer, Seniorwirt des Goldenen Posthorns, weiß zu berichten, dass sich das Gasthaus derartiger Beliebtheit erfreute, dass sogar ein damaliger Wirt mit seinem Antlitz an der Nordfassade der Sebalduskirche verewigt wurde.

Dann der verheerende Luftangriff auf Nürnberg am 3. Oktober 1944! Zusammen mit der südlich stehenden Moritzkapelle mit dem angebauten Bratwurstglöcklein wurde auch das Goldene Posthorn zerstört. Das heutige fünfgeschossige Gebäude mit seinem steilen Satteldach wurde 1960 auf den Lagerkellern wieder neu erbaut. Im Inneren verweisen zünftig eingerichtete, wenn auch neue Motto-Stuben auf die einstige Bedeutung der berühmten Weinstube und auf die früheren berühmten Gäste. So gibt es eine Hans-Sachs-Stube, eine Albrecht-Dürer-Stube oder eine Posthorn-Stube. Mit zahlreichen alten Grafiken und Gemälden sowie Repliken historischer Urkunden wird hier wieder angeknüpft an die weit zurückreichende Geschichte des Gulden Horns. Einige Ausstattungsstücke haben das Bombardement überlebt, so etwa die historische Verkaufsurkunde von 1498, die originalen Spielkarten von Hans Sachs aus dem Jahre 1560, einige Glasmalereien sowie die Hauswappen von Dürer und der fürstlichen Posthalterei Thurn und Taxis. Außerdem hat auch der „Heilige Gral" des Posthorns, der angebliche Trinkbecher Albrecht Dürers, den Bombenangriff unbeschadet überstanden. Dieser gläserne Becher ist in einer Vitrine ausgestellt und zeigt einen Hund, der sein Geschäft verrichtet. Darunter steht der derbe Spruch: „Ein Hertz dass sich nicht treu erweist, is werth, dass es der Hund aussch…"

Der Wiederaufbau des Goldenen Posthorns gestaltete sich zunächst nicht unproblematisch, da sich das Grundstück ebenso wie die zerstörte Moritzkapelle auf dem ehemaligen Friedhof von St. Sebald befanden. Eine besorgte Nürnbergerin mit angeblichen Kontakten in die Geisterwelt lief

1313

Blick zur gegenüberliegenden St. Sebaldskirche

Sturm gegen die Wiedererrichtung des Lokals, da dadurch womöglich einige Geister von Verstorbenen verschreckt und verärgert werden könnten und dem Gasthaus keine rosige Zukunft beschert sein würde. Erst nachdem sich der damalige Wirt erweichen ließ, die Frau zwei Tage und zwei Nächte auf dem Grundstück kampieren durfte und den Geistern gut zusprach, stand dem Wiederaufbau nichts mehr im Wege. Den Wirt kostete dies ein paar hundert Mark sowie die Verpflegung der Frau mit Bier und Essen während ihrer Verhandlungsgespräche.

Heutzutage genießt man im Goldenen Posthorn sein Schäufele, die Ochsenbäckchen oder (für Mutige) Züngerl und Herz bei einem Bier – oder wer's mag bei einem guten fränkischen Schoppen aus der Kelterei Graf von Schönborn, und das am besten auf der Terrasse mit dem schönen Ausblick auf die Nordfassade von St. Sebald. Traditionell werden auch im Goldenen Posthorn die hausgemachten original Nürnberger Rostbratwürste vom Buchenholzgrill als sechs, acht, zehn oder zwölf auf dem Zinnteller serviert, wahlweise mit Kartoffelsalat, Weinsauerkraut oder Sahnemeerrettich. Wer es eilig hat, der kann sich seine „Drei im Weggla" mitnehmen und dann in Richtung Burg durch die Nürnberger Altstadt schweifen.

Behringer's Goldenes Posthorn

Glöckleinsgasse 2
90403 Nürnberg

Telefon: 0911 / 225153

www.die-nuernberger-bratwurst.de

Öffnungszeiten:
Täglich
11:00–23:00 Uhr
Ruhetag:
1. Weihnachtsfeiertag

13

Historische Bratwurstküche zum Gulden Stern in Nürnberg

Die historische Bratwurstküche zum Gulden Stern in der Zirkelschmiedsgasse in Nürnberg, vormals „auf dem hohen Pflaster“, ist als älteste Bratwurstküche der Welt weit über die Grenzen Nürnbergs, Bayerns oder auch Deutschlands hinaus bekannt, wenngleich ihr dieser Rang von der Historischen Wurstkuchl in Regensburg vor Jahren streitig gemacht wurde. Unzählige Touristen, Bratwurstliebhaber und Feinschmecker aus aller Welt kommen jedes Jahr in das Viertel um die St. Jakobskirche, die neben der Burg und dem ehemaligen Egidienkloster zu den frühesten Siedlungskernen der Stadt gehört, um die originalen Nürnberger Rostbratwürste zu verspeisen. Zum ersten Mal urkundlich erwähnt wurde die Bratwurstküche im Jahr 1419, erbaut wurde sie allerdings bereits um 1380, wie dendrochronologische Untersuchungen ergaben. In den darauffolgenden sechs Jahrhunderten hatte das Gasthaus viel Glück – es überstand tatsächlich alle Kriege unbeschadet und kann somit auf eine nie unterbrochene Geschichte zurückblicken. Die Stadt Nürnberg verfügt zudem über eine

lückenlose Auflistung aller Besitzer beziehungsweise Pächter des Hauses, und so hat man heute eine gute Übersicht über die Entwicklung des Gasthauses. 1640 wird der Goldene Stern in die gehobene Kategorie der Speisehäuser erhoben, 1641 erhält er das selten vergebene Recht, Hausschlachtungen von Schweinen durchzuführen, und 1740 wird dem Umgeldamt der Stadt zur Erhaltung der Weinschenkgerechtsame zugesagt, hier einen Weinvorrat einzulagern.

Doch all diese Ereignisse wären bloße Randnotizen in der Geschichte Nürnbergs geblieben, wäre nicht der heutige Besitzer Martin Hilleprandt auf den Plan getreten. Als er das damals vernachlässigte Anwesen im Jahr 1982 kaufte, erhielt er die Abrissgenehmigung für das historische Gebäude gleich mit. Er könne es wegreißen und etwas Neues bauen, habe man ihm damals mit auf den Weg gegeben, erinnert sich Hilleprandt. Doch der hatte etwas ganz anderes im Sinn: Zusammen mit den Altstadtfreunden Nürnberg begann er die mühselige Sanierung des Gebäudes, rettete damit das älteste Wirtshaus der Stadt und machte es gleichzeitig zu einem der schönsten im Umkreis. 1985 war die Wiederherstellung des Hauses abgeschlossen. Einen äußerst werbewirksamen Streit im Jahr 2000 mit der Historischen Wurstkuchl an der Steinernen Brücke in Regensburg um den Titel „Älteste Bratwurstküche der Welt" schlichtete der Bayerische Hotel- und Gaststättenverband mit der Feststellung, dass das Regensburger Pendant zwar wohl schon früher betrieben, allerdings im 17. Jahrhundert abgerissen und einige Meter entfernt wiederaufgebaut wurde. Damit geht die älteste Konzession nach Regensburg, und die älteste noch an ihrem originalen Platz stehende Wurstküche ist der Gulden Stern.

Heute strahlen die beiden zu einem Haus zusammengefassten Satteldachbauten wie vermutlich selten in ihrer langen Geschichte. Das Erdgeschoss ist aus massiven Sandsteinquadern gemauert, das Obergeschoss besteht aus teilweise freigelegtem Fachwerk, zwei große goldene Sterne zieren Kopf- und Längsseite des Hauses. Bunt bepflanzte Blumenkästen an allen Fenstern verleihen dem

Links: Originale Ofenöffnung aus dem 16. Jahrhundert.
Unten: Massive Sandsteinquader im Erdgeschoss

Ganzen einen lebendigen Touch. Freisitze vor der Eingangstür bieten bei warmem Wetter rund 50 Gästen Platz. Allerdings liegt das wirklich Bemerkenswerte der historischen Bratwurstküche in ihrem Inneren. Hier hat Hilleprandt, der sich selbst als „verbissenen Qualitätsfanatiker" beschreibt, ganze Arbeit geleistet, indem er die über Jahrhunderte gewachsene Atmosphäre wiederhergestellt hat, ohne die Wirtsstube mit romantischem Kitsch zu beladen. Was man heute im Gulden Stern sieht, hat Historie oder zumindest eine eigene Geschichte. Und wer die Gelegenheit bekommt, Martin Hilleprandt in seiner Wurstküche anzutreffen, der sollte sich die einmalige Chance nicht entgehen lassen, ihn nach der einen oder anderen Episode zu fragen.

Die erste kleine Anekdote erwartet den Gast gleich im Eingangsbereich. Hier hat Hilleprandt in einer Vitrine etwa 40 Zinnobjekte ausgestellt, die er bei der Versteigerung der Brinke-Sammlung aus dem Nürnberger Traditionslokal Trödelstuben erwerben konnte. Teller, Tassen, Kännchen, eine Mitnahmebox für Würste – in Normalgröße und in Miniatur für die Kinderbratwurstküche – sind zu bestaunen. „Die Dinge sind rund 300 Jahre alt und ich bin stolz, sie hier zeigen zu können", erklärt er und ergänzt, dass sich seine Kinder schon jetzt darüber streiten, wer denn später einmal welches Stück aus dieser Sammlung erben wird.

Das Wirtshaus selbst erstreckt sich über zwei Etagen. Nach dem Eintreten steht man direkt vor dem offenen Grill. Hier werden die Original Nürnberger Röstla, eine 2013 von Hilleprandt zum Schutz der Nürnberger Rostbratwurst eingeführte und geschützte Marke, wie eh und je offen

über Buchenholz geröstet. Wichtig ist dabei, dass die Würste von einem Nürnberger Metzger stammen und im Rohzustand, ohne vorheriges Garen oder Brühen, auf den Rost kommen. Eine andere Qualität lehnt Hilleprandt kategorisch ab. Serviert bekommt man seine Würste oder sauren Zipfel dann natürlich auf traditionellen Zinntellern. Dazu gibt es hausgemachten Kartoffelsalat und echtes Fass-Sauerkraut, das die Familie Wehr im Aischgrund anbaut, schneidet und im Fass an das Wirtshaus liefert. Diese Liebe zum ursprünglichen Detail bringt der Bratwurstküche immer wieder Empfehlungen in renommierten Zeitschriften wie dem Feinschmecker, dem Guide Michelin oder dem Gault Millau.

Dank des von Hilleprandt hinter den Kulissen und für den Gast nicht sichtbar angebrachten, hochmodernen Klima- und Belüftungssystems herrscht trotz des zu den Sitzplätzen hin offenen Grills immer beste Luft im Wirtshaus. „Bei uns kann man essen, ohne dass die Frau zu Hause davon Wind bekommt", erzählt Hilleprandt mit einem Lächeln. Auf der Rückseite des modernen Grills befindet sich bis heute die originale Ofenöffnung aus dem 16. Jahrhundert. Zahlreiche Kupferkessel, -pfannen und -kannen hängen heute zur Zierde daran und geben ein Bild davon, wie diese Feuerstelle über Jahrhunderte hinweg genutzt wurde. Die nicht verputzen Wände, die originale Decke und der Boden zeigen, wie es schon immer ausgesehen hat. Dunkles Holz und die originalen Butzenscheiben, die Hilleprandt allesamt in Isolierglas hat fassen lassen, um modernen Isoliernormen zu entsprechen, bewahren das ursprüngliche Flair der Wirtsstube innen und außen.

In der Decke verarbeitete Schranktüren sind ein Beleg dafür, dass das Wirtshaus in seiner Geschichte nicht nur rosige Zeiten erlebt hat. Es waren nicht die Reichen, die hierher kamen, es waren die, die sich nicht mehr leisten konnten. „Das hier war früher eher ein Armenhaus, aber ich bin stolz darauf. Deshalb lasse ich diese Zeugnisse sichtbar bestehen und tausche sie nicht aus", erklärt Hilleprandt die ungewöhnlichen Ausbesserungsarbeiten.

Im Obergeschoss warten mit dem Jakobstübchen und der überdachten Terrasse zwei weitere Gasträume auf. Auch hier wieder alles original – die massiven Deckenbalken, der Holzboden, die schmiedeeisernen Leuchter. Dabei waren es

Ein Lüstermännchen wacht über die Bierkrüge

gerade die Deckenbalken, die Hilleprandt vor der Eröffnung noch fast einen Strich durch die Rechnung gemacht hätten. Da die Decken nicht hoch genug sind, wollte man ihm die Eröffnung vorerst verwehren. Allerdings wusste sich der findige Besitzer zu helfen und brachte kurzerhand Lederpolsterungen an den tiefhängenden Balken an. Diese zeugen mit ihrer Patina aus Ruß zudem noch von einer Beinahe-Katastrophe aus dem Jahr 2015: Brandstiftung richtete im Obergeschoss einen Millionenschaden an, zerstörte allerdings nur das angebaute Büro sowie kleine Teile der Terrasse und der Jakobstube. Durch das rasche und umsichtige Eingreifen der Feuerwehr konnte der größte Teil der historischen Substanz erhalten werden.

Auf der von Hilleprandt mit einer gläsernen Überdachung versehenen Terrasse findet sich ein handgeschnitztes, bunt bemaltes Vogelhaus samt kleiner Vögel. „Das ist uralt und war nicht günstig. Aber was, außer einem Vogelhaus, kann man auf eine Terrasse stellen, ohne dass es kitschig wird?“, fragt der Besitzer mit ernstlich besorgter Miene. Richtig: nichts. Und deshalb ist dieses Stück unbekannten Alters auch der einzige Dekorationsgegenstand im modernsten und hellsten Raum des Hauses. Die Verglasung der Terrasse ist nicht die einzige Ausnahme von der sonst so originalgetreuen Ausstattung. Auch die in der Gastwirtschaft verteilten Gemälde von Albrecht Dürer entstammen nicht dem Pinsel des Nürnberger Renaissancemeisters, der zu seiner Zeit vermutlich auch Gast des Hauses gewesen sein mag. Bis auf ein Bild sind es natürlich Kopien. Was es aber mit dem Original-Dürer „Selbstbildnis im Pelzrock“ auf sich hat, das frage man Martin Hilleprandt am besten selbst. Denn niemand kennt und erzählt die Geschichte und die Geschichten des Hauses so wie er.

Historische Bratwurstküche zum Gulden Stern

Zirkelschmiedsgasse 26
90402 Nürnberg

Telefon: 0911 / 2059288

www.bratwurstkueche.de

Öffnungszeiten:
Täglich
11:00–22:00 Uhr
Warme Küche bis 21:30 Uhr

14

Behringer's Bratwurstglöcklein in Nürnberg

Wer an Nürnberg denkt, dem fallen aus kulinarischer Sicht sofort zwei Dinge ein: Nürnberger Lebkuchen und Nürnberger Bratwürste. Während die „Lebbkung“ vorwiegend von November bis Januar verzehrt werden, ist das mit den „Nernbercher Broadwerschd“ ganz anders. Egal zu welcher Jahreszeit man Nürnberg besucht: Nichts führt daran vorbei, zumindest einmal die berühmten „Drei im Weggla“ zu probieren.

Wenn auch die mittelfränkische Wurstspezialität längst an zahlreichen Orten in Nürnberg angeboten wird und zum wahren Exportschlager avanciert ist, schmeckt sie wahrscheinlich mit am besten im Bratwurstglöcklein in Nürnberg. Dieses ist fast ebenso berühmt wie die kleine Bratwurst an sich. Hier werden die original Nürnberger Rostbratwürste noch direkt über dem offenen Buchenholzfeuer gebraten. Das dafür verwendete Brennholz muss mindestens schon drei Jahre vor dem Verschüren abgelagert sein, was den Bratwürsten einen besonderen Geschmack verleiht, wie der Seniorwirt Werner Behringer erklärt. Und wenn es einer wissen muss, dann ist es er, der auch Seniorwirt vom Goldenen Posthorn und vom Bratwursthäusle in Nürnberg ist und damit einer der ausgewiesenen „Bratwurstbarone“ der Stadt.

Die Einrichtung ist neueren Datums, aber die Bratwürste werden hier wie schon seit Jahrhunderten zubereitet

Das Bratwurstglöcklein befindet sich heute im sogenannten Handwerker- bzw. Waffenhof des Frauentores der Nürnberger Stadtbefestigung. Der historische Hof am südöstlichen Altstadteingang wurde anlässlich des Dürerjahres 1971 aufwendig restauriert und mit kleinen nachgeahmten Fachwerkbuden und -ständen auf der Freifläche als touristische Attraktion hergerichtet. Im Zuge dessen wurde hier auch das Bratwurstglöcklein als kleiner eingeschossiger Fachwerkbau mit Satteldach wiedererrichtet. Obwohl der Handwerkerhof zunächst nur für ein Jahr bestehen sollte, pilgern bis heute zahlreiche nationale und internationale Nürnberggäste dorthin, kehren im Bratwurstglöcklein ein und genießen die hausgemachten sechs, acht, zehn oder gar zwölf Nürnberger, wahlweise mit Weinsauerkraut, Kartoffelsalat oder frischem Meerrettich, stilecht im glockenförmigen Zinnteller, der die Jahreszahl 1313 trägt.

Wer nun rätselt, wie eine derart geschichtsträchtige Gastwirtschaft mit einer über 700-jährigen Tradition einfach im Jahre 1971 neu errichtet werden konnte, dem sei kurz die wechselvolle zugehörige Geschichte erzählt. Das ursprüngliche Bratwurstglöcklein wurde wahrscheinlich bereits im 14. Jahrhundert als kleine Garküche zwischen den Strebepfeilern der 1313 errichteten Moritzkapelle angebaut, die neben der Kirche St. Sebald und somit etwa einen Kilometer weiter nördlich stand. Kramerbuden und Garküchen waren im Spätmittelalter keine Besonderheit. Insbesondere die Garküchen besaßen oftmals das Recht, Stadtbier auszuschenken, Schweine zu schlachten und Würste zu braten. Das Bratwurstglöcklein lag damals im Schatten von St. Sebald und in der Nähe des Tiergärtnertores an einer regen Hauptverkehrsader. Die Jahreszahl 1313, die heute noch die Zinnteller ziert, bezieht sich auf die erste urkundliche Erwähnung der Moritzkapelle, als diese vom Salzmarkt zu St. Sebald verlagert wurde. Es ist gut möglich, dass bald nach der Verlegung der Kapelle auch die Garküche angebaut wurde. Für das Jahr 1344 ist urkundlich belegt, dass mehrere Garküchen am Sebalder Kirchhof existierten, worunter auch der Vorgänger des Bratwurstglöckleins gewesen sein könnte. Gesichert ist seine Existenz für die zweite Hälfte des 15. Jahrhunderts, als ein Wirt oder Besitzers des heutigen Bratwurstglöckleins urkundlich erwähnt wird. Im 16. Jahrhundert wird dann öfters eine „gemeiner Stat kuchen an Sant Moritzen Capellen", also eine städtische Küche an der Moritzkapelle, genannt. Im Gegensatz zum Bratwurstglöcklein verlor die Moritzkapelle

1971 an neuer Stelle errichtet: Das Bratwurstglöcklein

ab dem ausgehenden 15. Jahrhundert immer mehr an Bedeutung, auch infolge der Reformation, und diente im ausgehenden 16. Jahrhundert als Lager für Weinfässer, später als Archiv, Heu- und Holzlager. Im 17. Jahrhundert erhielt das Bratwurstglöcklein seine uns von historischen Postkarten und Fotos bekannte Form. Das bis dahin bestehende eingeschossige Garküchengebäude wurde über die Giebelfront der Kapelle hinaus verlängert und der Giebel des Dachanbaus mit Voluten verziert.

Der heutige Name ist eine jüngere Namensschöpfung, die sich allerdings auf den im 18. Jahrhundert gebräuchlichen Namen „Zum blauen Glöcklein" bezieht. Bis ins 20. Jahrhundert bewahrte sich das Bratwurstglöcklein sein Aussehen. Der kleine Innenraum mit Wandvertäfelung, langen Wandbänken und zahlreichen historischen Ausstattungsstücken wurde wie die Moritzkapelle beim Fliegerangriff auf Nürnberg am 3. Oktober 1944 zerstört. Heute erinnern an die Kapelle am ehemaligen Standort am Sebalder Platz nur noch eine Gedenkplatte und ein in den Boden eingelassener Grundriss.

Das neu errichtete Bratwurstglöcklein im Handwerkerhof versucht den herben Verlust dieser altehrwürdigen Traditionsgaststätte durch ein historisch anmutendes Ambiente mit vertäfelten Wänden, blanken Ahorntischen, Krügen und historischen Bildern an den Wänden so gut wie möglich wettzumachen. Die Zinnteller in Glockenform, die laut Behringer nach Abgüssen zweier geborgener Teller aus dem zerstörten Vorgängerbau angefertigten wurden, können als Relikt der einstigen

Garküche gewertet werden. Sicher ist, dass die Nürnberger Bratwürste heute wie früher das eigentliche Aushängeschild des Bratwurstglöckleins sind. Zwar gibt es auf der Karte auch Knöchle, Grillfleisch, Schäufele, Lüngerl und Herz, aber der Verkaufsschlager sind eben die mit sieben bis neun Zentimetern wohl kleinsten Schweinsbratwürste der Welt. Sie werden mehrmals täglich von drei eigenen Hausmetzgern frisch zubereitet, wobei sie nicht mehr als 30 % Fettanteil haben dürfen, eine typische Kräuternote durch die Beimengung von Majoran aufweisen und im Schafssaitling mit einem Durchmesser von 20–22 mm abgefüllt werden. Ungebrüht kommen sie frisch auf den Rost über dem glimmenden Buchenholz. Seit 1998 ist die „Original Nürnberger Rostbratwurst“ als geografische Herkunftsbezeichnung von der EU-Kommission geschützt.

Mittlerweile wurden ungefähr 1,4 Milliarden Nürnberger Bratwürste von Behringers Metzgern produziert. Damit könnte man eine Kette bilden, die dreieinhalb Mal um die Erde reicht, so der Seniorchef. Ob er denn selber immer noch Nürnberger Bratwürste essen könne? Aber natürlich, denn es gebe einfach nichts Besseres, und davon sollte sich jeder einmal selbst überzeugen. Wer also im Bratwurstglöcklein seine zwölf Nürnberger stilecht im Zinnteller verzehrt hat, der wird bei dem Lied „Süßer die Glocken nie klingen …“ künftig zuerst ans Bratwurstglöcklein und erst dann an den Nürnberger Christkindlesmarkt denken.

Die „Original Nürnberger Rostbratwürste“ werden stilecht im glockenförmigen Zinnteller serviert

Behringer's Bratwurstglöcklein

Waffenhof 5
90402 Nürnberg

Telefon: 0911 / 227625

www.die-nuernberger-bratwurst.de

Öffnungszeiten:
Januar geschlossen
Montag–Samstag
10:00–22:00 Uhr
Ruhetag: Sonntag
(außer am Weihnachtsmarkt)

15

Zum Alten Rentamt in Fürth

Eine der schönsten Straßen Fürths ist zweifellos die Gustavstraße in der Innenstadt. Bis 1827 war sie unter dem Namen Bauerngasse oder Bauernstraße bekannt, nach den einstmals hier angesiedelten Höfen, deren ehemalige Standorte teilweise heute noch erkennbar sind, und weil die aus den umliegenden Gegenden stammenden Bauern dort ihre Fuhrwägen abstellten, um in eine der vielen ansässigen Gaststätten einzukehren. Später wurde sie zu Ehren des schwedischen Königs Gustav Adolf in Gustavstraße umbenannt. Er soll während des Dreißigjährigen Kriegs in der Gaststätte Zum Grünen Baum gespeist haben. Typisch für diese Straße wie für die gesamte Fürther Altstadt ist das Fehlen eines einheitlichen Baustils. Jedes Gebäude unterscheidet sich stark von seinem Nachbarn. Diese Besonderheit verdanken wir der ehemals dreigeteilten Herrschaft über die Stadt: Die Dompropstei Bamberg, die Markgrafschaft Ansbach und die Reichsstadt Nürnberg stritten sich bis zum Ende des 18. Jahrhunderts um die alleinige Macht über Fürth – und das wirkte sich, wie wir heute noch sehen können, auf das Stadtbild aus.

Nach wie vor ist die Straße Heimat vieler Gastronomiebetriebe, Kneipen und Bars; sie führt deswegen den Spitznamen „Fürther Kneipenmeile“. Gerade in den Sommermonaten ist die Gustavstraße ein Hotspot heiterer Ausgehstimmung. Eine beliebte Anlaufstelle ist das Wirtshaus Zum Alten Rentamt, Hausnummer 61. Das Gebäude

Hier wurde 1903 die Spielvereinigung Greuther Fürth gegründet

mit seinen schönen Fachwerkgiebeln wurde um 1608 aus Sandsteinquadern errichtet und wird seit 1724 zur Bewirtung von Gästen genutzt. Zwischen 1806 und 1900 stand nur ein paar Meter weiter, in der Gustavstraße 65, das ehemalige Rentamt (heute würde man sagen: Finanzamt). Der Name der Gastwirtschaft erinnert somit an das einst benachbarte Amtsgebäude.

Wirt Rainer Feichtenbeiner hat sich mit seinen Fischgerichten, vor allem aber mit seinen sensationellen Steaks einen Namen in Fürth gemacht. Schon wenn er anfängt, über sein Spezialgebiet zu erzählen, und erklärt, woran man ein wirklich gutes Steak erkennt, möchte man sich von niemand anderem mehr sein argentinisches Angusrind braten lassen. Für das besondere Aroma sorgt die Zubereitung auf dem Buchenholzgrill, der, im hinteren Bereich der Gaststube aufgestellt, für alle Gäste einsehbar ist. So kann man Rainer live in seinem Element erleben, während man auf sein Essen wartet – vielleicht das Knoblauchsländer Schlemmersteak mit Folienkartoffel, gemischtem Salat und Kräuterbutter? Damit allen Gästen die Bestellung leicht fällt, stehen Speisekarten in sieben Sprachen und sogar in Blindenschrift zur Verfügung. Außerdem gibt es immer wieder zusätzliche Schmankerln außerhalb der normalen Karte. So ist beispielsweise mittwochs und donnerstags Fischtag. Viermal im Jahr gibt es eine ganz besondere Leckerei, nämlich eine Barbarie-Entenbrust. Wer auf typische fränkische Braten im Alten Rentamt hofft, der muss am traditionellen Bauernsonntag kommen: Der zweite Sonntag der Michaelis-Kirchweih, die am 29. September startet und 12 Tage lang dauert, bildet den Höhepunkt der gesamten Festlichkeit, und nur an diesem Tag bereitet Wirt Rainer klassische Braten zu.

Seit gut 20 Jahren schon stehen er und seine Frau Katja Feichtenbeiner-Rudisch hinter der Theke bzw. am Grill im Alten Rentamt. Zuvor bedienten hier noch Katjas Eltern den Zapfhahn: Sie hatten das Gebäude 1983 gekauft, umgebaut und – zusätzlich zum Gasthaus Pfeifndurla, das nur ein paar Häuser weiter stand – geführt. Damals war es eher eine Bierwirtschaft. Erst als sich Katja

Nostalgische Bilder schmücken die Sitzecken

und Rainer des Objekts annahmen, wurde daraus das, was es heute ist: eine gemütliche kleine Gaststube mit kuscheligen Nischen und leckeren Gerichten. In der Mitte des komplett mit Holz ausgekleideten Raums befindet sich die runde Theke. Ein mit Weinreben geschmücktes Strohdach über ihr und den kleinen Sitzecken unterstreicht das lauschige Erscheinungsbild.

Als einen ehrwürdigen Ort empfinden besonders Fürther Fußballfans das Alte Rentamt, denn hier hat sich am 23. September 1903 die Spielvereinigung Greuther Fürth gegründet. Damals hieß das Lokal noch Restauration Balzer. In den ersten Jahren nutzten die Fußballer das Wirtshaus, um Vereinssitzungen abzuhalten oder sich für ihre Spiele umzuziehen. Bis heute pflegen sie ein nostalgisches Verhältnis zu ihrem Gründungslokal und feierten dort beispielsweise 2003 ihr 100-jähriges Bestehen. Aber nicht nur Fußballer zieht es in das Steaklokal, sondern zum Beispiel auch die bekannten Fürther Komödianten Volker Heißmann und Martin Rassau, besser bekannt als „Waltraud und Mariechen". Eine Foto-Collage im Gastraum belegt die Freundschaft zwischen dem Kabarettisten-Duo und dem Wirt.

Man merkt schnell, dass Rainer seinen Beruf gefunden hat und dass ihm die Arbeit Spaß macht. Diese Stimmung überträgt sich auch auf seine Gäste. So kommt es schon mal vor, dass man deutlich länger bei einem oder mehreren Gläschen sitzen bleibt, als es ursprünglich geplant war. Einen Abend im Rentamt, so der passionierte Grillmeister, könne man gar nicht beschreiben – man müsse ihn selbst erleben. Hier geht man nicht einfach hinein und bestellt sein Essen, sondern hier merkt man gleich, dass man willkommen ist – und so passt die Gastwirtschaft ideal in Fürths belebte und beliebte Gustavstraße.

Zum Alten Rentamt

Gustavstraße 61
90762 Fürth

Telefon: 0911 / 747407

www.zum-alten-rentamt.de

Öffnungszeiten:
Dienstag–Donnerstag
18:00–01:00 Uhr
Freitag 18:00–03:00 Uhr
Samstag 18:00–02:00 Uhr
Ruhetage:
Sonntag, Montag

16

Grüner Brauhaus in Fürth

Beim Eintritt in das Grüner Brauhaus in Fürth mit seinen holzvertäfelten Wänden, der kassettierten Decke, den historischen Brauerei-Emailschildern und Krügen entlang der Wände sowie den langen Ahorntischen, an denen zahlreiche Gäste buntgemischt und fröhlich plaudernd bei einem Bier zusammensitzen, wähnen wir uns in einer typisch fränkischen Brauereigaststätte des frühen 20. Jahrhunderts. Doch das Grüner Brauhaus steckt eigentlich noch in den Kinderschuhen, da es erst 2014 in der Comödie Fürth eröffnet wurde. Trotz der erst jungen Jahre blicken sowohl die Grüner Brauerei als auch das Gebäude auf eine lange Geschichte zurück, die untrennbar mit der Geschichte der Stadt Fürth verbunden ist. – Wir geben hier einen gerafften Überblick über die historischen Fakten, die nebenbei auch erklären, warum das Grüner im Namen der heutigen Braugaststätte nichts mit den in Fürth allgegenwärtigen Kleeblättern zu tun hat, und empfehlen dem geneigten Leser an dieser Stelle, sich mit einem Seidla Grüner zu wappnen. Baggmers!

In dem imposanten Jugendstilbau von 1906 befand sich einst eine Volksbildungsstätte. Das Grüner Brauhaus ist im ehemaligen Lesesaal der Volksbücherei eingerichtet

Bereits im Jahre 1709 wird erstmals eine Brauerei in der Fürther Gartenstraße erwähnt, aus der die Grüner Brauerei hervorging. Damals erteilte die markgräfliche Regierung in Ansbach dem Besitzer Friedrich Wunderer eine offizielle Brauereikonzession. Wunderer braute nicht selbst und verkaufte das Grundstück samt Konzession bald an den gelernten Brauer und Ratsherrn von Ansbach, Johann Schmid. In den folgenden Jahrzehnten konnten immer mehr angrenzende Grundstücke erworben und das Brauereianwesen kontinuierlich vergrößert werden. Nach häufigen Besitzerwechseln erwarb der spätere Magistratsrat Georg Heinrich Grüner zusammen mit seinen Brüdern Johann Georg und Johann Heinrich 1860 die Brauerei in der Gartenstraße. Die Grüners stammten aus einer Altdorfer Braufamilie und brachten dementsprechende Erfahrung im Brauergewerbe mit. Bereits 1863 ließ Johann Grüner den Betrieb umbauen, Mälzerei, Sudhaus, Gär- und Lagerkeller sowie ein Kühlhaus nebst Maschinenhaus neu einrichten.

Nachdem die Lagerkeller der Brauerei kurz vor ihrer Fertigstellung im Jahre 1866 einstürzten, entschloss man sich, diese in die Robert-Koch-Straße zu verlagern, und legte dort neben dem Felsenkeller auch den gleichnamigen Grüner Park an. Die Grüner Brauerei, die 1896 in eine Aktiengesellschaft umgewandelt wurde, hatte nach einem kurzen Dämpfer während der gesamtdeutschen Inflation im Jahre 1923 wieder Oberwasser und fusionierte 1936 mit der Brauerei Zirndorf. 1945 war die Grüner Bräu AG exklusive Heeresbrauerei für die US-Alliierten, 1956 übernahm sie die Henninger Reifbräu in Erlangen. Bereits 1969 stieg die Schickedanz-Gruppe mit einem Viertel bei der Grüner Brau AG ein und fusionierte dann 1972 vollständig mit der Patrizier AG. 1977 wurde der Brauereibetrieb eingestellt, womit eine der fünf bekanntesten Brauereien Fürths des 19. und 20. Jahrhunderts vollständig, wenn auch nur vorübergehend, in der Versenkung verschwand – bis nämlich 2011 die Brauerei Tucher die Fürther Traditionsmarke „Grüner Brauerei" wiederbelebte.

Was der wiedererstandenen Fürther Brauerei nun noch fehlte, war eine entsprechende Gaststätte. Diese wurde 2014 in der Comödie Fürth eingerichtet, die sich in einer denkmalgeschützten ehemaligen Volksbildungsstätte befindet. Das sogenannte Berolzheimerianum wurde als Stiftung des

Braugaststättenatmosphäre wie im frühen 20. Jahrhundert

jüdischen Fürther Bleistiftfabrikanten Heinrich Berolzheimer (1836–1906) von 1904 bis 1906 in Formen des Jugendstils errichtet und stand allen Fürther Bürgern kostenlos zur Verfügung. Der mächtige, asymmetrische Gruppenbau an der Kreuzung Theresienstraße/ Schwabacher Straße beherbergte auch die Volksbücherei, in deren ehemaligem großen Lesesaal sich heute das Grüner Brauhaus befindet. Schon seit 1998 ist im ehemaligen Berolzheimerianum die Comödie Fürth untergebracht, die von den vier Betreibern Volker Heißmann, Martin Rassau, Marcel Gasde und Michael Urban gemeinsam renoviert wurde. Die ersten beiden sind weit über die fränkischen Grenzen hinaus als Komikerduo „Heißmann und Rassau" bzw. „Waltraud und Mariechen" bekannt, während Michael Urban als Wirt des Grüner Brauhauses in Erscheinung tritt. Durch die aufwendige Sanierung konnte ein Fürther Stadtdenkmal bewahrt und gleichzeitig eine neue Spielstätte für Kabarett, Konzerte und Lesungen geschaffen werden, die aus dem kulturellen Leben der Region nicht mehr wegzudenken ist.

Im Grüner Brauhaus wird fränkische Küche in all ihren Facetten serviert, und so gibt es neben kalten Brotzeiten natürlich Schäufele, Tafelspitz, Brauhaus-Schnitzel und fränkischen Sauerbrauten, mitunter auch alte fränkische Gerichte wie Saures Züngerl oder Rinderzunge. Dabei wird stets auf eine

regionale Produktauswahl geachtet. Außerdem werden wechselnde Tagesgerichte angeboten, sodass mancher Gast seine Mittagspause schon automatisch ins Grüner Brauhaus verlagert hat. Dazu wird das Grüner Vollbier vom Fass und – exklusiv im Brauhaus – das Grüner Naturtrüb serviert. Die Fürther identifizieren sich mit ihrem Grüner, das wie damals noch „beliebt, bekannt und begehrt" ist und mit Sicherheit auch „bekömmlich", selbst wenn heute laut einer EU-Verordnung in Verbindung mit einem alkoholischen Getränk nicht mehr mit dem Begriff „Bekömmlichkeit" geworben werden darf.

Für die Stiftung einer langen und erfolgreichen Brauhaustradition hat das Grüner Brauhaus in Fürth beste Voraussetzungen: gutes Bier, gutes fränkisches Essen und ein Brauhausambiente, das die Glanzzeit des Grüner Bräu im ausgehenden 19. und frühen 20. Jahrhundert in Fürth noch spüren lässt. Der Brauerei-Slogan der 1960er-Jahre hat somit nach wie vor seine Gültigkeit: „Ob Durst oder nicht, Grüner Bier schmeckt immer." Kein Wunder, dass sich unter den zahlreichen Gästen auch der ein oder andere Nürnberger – natürlich inkognito – befindet und dort unter den Kleeblättern sein Grüner genießt. „Da wird scho kaner draff kumma".

Auf die besonderen Verdienste um das kulinarische Angebot ist man auch schon höheren Orts aufmerksam geworden: Im Juli 2016 wurde Michael Urban bei der Preisverleihung „Franken kulinarisch 2016" von Landtagspräsidentin Barbara Stamm als Wirt des Jahres ausgezeichnet.

Wendeltreppe und Aufzugsschacht stammen aus der Erbauungszeit

Grüner Brauhaus

Theresienstraße 1
90762 Fürth

Telefon: 0911 / 74929947

www.gruener-brauhaus.de

Öffnungszeiten:
Dienstag–Samstag
11:30–24:00 Uhr
Sonntag
11:00–21:00 Uhr
Ruhetag: Montag

17

Brandenburger Wirtshaus in Nürnberg-Reichelsdorf

Etwa acht Kilometer südlich der Nürnberger Altstadt hat sich in der bis 1921 eigenständigen Gemeinde Reichelsdorf – heute ein Stadtteil von Nürnberg – ein wirkliches Gasthausjuwel erhalten, das im Jahr 2016 bereits sein 290-jähriges Bestehen feiern kann.

Reichelsdorf, erstmals im Jahr 1299 urkundlich erwähnt, unterstand in der Anfangszeit der Herrschaft der Herren von Waldstromer, die in Reichelsdorf nachweislich ab 1377 auch einen Herrensitz unterhielten. Einer der zahlreichen Nachfolgebauten desselben ist das sogenannte Waldstromerschlösschen, ein ehemaliges Wasserschloss, das im Kern noch ins Jahr 1651 datiert, jedoch 1731 und 1839 weitreichend umgebaut wurde. Die Herren von Waldstromer verkauften 1539 zahlreiche Besitzungen in Reichelsdorf sowie die Reichelsdorfer Mühle an die Markgrafen von Brandenburg-Ansbach, wobei das Hochgericht weiterhin von der Reichsstadt Nürnberg ausgeübt wurde. Die niedere Gerichtsbarkeit lag beim Kastenamt in Schwabach. Mit den Markgrafen von Brandenburg-Ansbach beginnt auch die Geschichte des Brandenburger Wirtshauses in Reichelsdorf. Bereits um das Jahr 1600 soll an der Stelle des heutigen Gasthauses eine markgräfliche brandenburg-ansbachische Fürstenherberge und Schankstätte errichtet worden sein. Aus jener Zeit rührt

auch noch der Name des Brandenburger Wirtshauses her. Während des Dreißigjährigen Krieges (1618–48) zerstörten die Truppen des Feldherrn Tilly das Gebäude auf der Flucht vor dem Schwedenkönig Gustav Adolf. Erst 1680 wurde das Gasthaus nebst Herberge durch den Hammerwerksbesitzer Götz wieder aufgebaut, und zwar als mächtiger, zweigeschossiger Sandsteinquaderbau mit hohem Satteldach, Volutengiebeln und einer kleinen Aufzugsgaube mit Schopfwalm. Das rustizierte Eingangsportal trägt die Jahreszahl des Wiederaufbaus.

Treten wir durch die schwere Eingangstüre aus Eiche mit den massiven Eisenbeschlägen, meinen wir fast durch ein Zeitportal geschritten zu sein. Rechter Hand gelangen wir durch eine Kassettentüre mit aufwendigem Renaissancerahmen in den großen Gastraum, der mit dem Kachelofen, den freigelegten Fachwerkwänden, der Bohlenbalkendecke und den historischen Fensterbeschlägen noch ein authentisches Abbild der historischen Schankstätte bietet. Folgt man einem weiteren Abzweig vom Hauptflur in westlicher Richtung, so kommt man in einen großen Saal mit Kreuzgewölbe, bei dem es sich um den ehemaligen Malzkeller der Brauerei und Mälzerei Schalkhaußer handelt. Mit viel Energie hat der verstorbene Mann der jetzigen Wirtin, Friedrich Schalkhaußer, gelernter Koch und Braumeister, den 1984 brachliegenden gastronomischen Betrieb wiederbelebt und die historische Ausstattung restauriert. Die Schalkhaußer, eine alteingesessene und angesehene Familie, nach der in Reichelsdorf sogar eine Straße benannt ist, kamen bereits 1726 in den Besitz der einstigen Schankstätte. Damals bestand das Anwesen aus dem Wohnhaus mit Schänke, einer Brauerei und einer Mälzerei. Das Relief eines Brauersterns am Ostgiebel des Hauses beweist, dass spätestens seit 1687 das Braurecht für das Anwesen bestand. Auch die Familie Schalkhaußer blieb der Brauertradition treu. Bis 1912 braute die Brauerei Schalkhaußer hier noch selbst Bier, das bei den bekannten Reichelsdorfer Kellern im Waldgebiet am Fuchsberg gelagert wurde. Dort hatte sie ab 1885 auch einen großen Sommerkeller. Friedrich Schalkhaußer betrieb noch bis in die 1990er-Jahre eine eigene Mäl-

Neben den großen Gasträumen gibt es auch intime Sitznischen

zerei. Die ehemaligen Brauerei- und Mälzereigebäude grenzen an das historische Wirtshaus an, datieren ins ausgehende 19. Jahrhundert und haben womöglich noch einen älteren Kern.

Es bietet sich natürlich an, in einem derart alten und geschichtsträchtigen Gemäuer wie dem Brandenburger Wirtshaus besondere Veranstaltungen abzuhalten, vor allem im großen Gewölbesaal. Neben Familienfeiern jeglicher Art finden dort an langen Tafeln entweder auf Bestellung oder – einmal im Monat – als öffentliche Variante zünftige Rittermahle (eine allgemeindeutsche Erfindung der 1970er-Jahre!) für größere Gruppen statt, zu denen der ein oder andere Gast dann auch schon mal in historischer Gewandung gekommen ist. Zu diesen Gelegenheiten wird ein besonderes „Ritteressen“ serviert, und gelegentlich gibt es dazu Gaukler- bzw. Magiervorführungen. Wenn dann noch Sir Archibald, die kalbsgroße, jedoch lammfromme deutsche Dogge der Wirtin, vorbeischaut, ist jede Mittelalterfantasie perfekt bedient. Darüber hinaus finden im Brandenburger Wirtshaus an ausgewählten Terminen auch Livemusikveranstaltungen und ein Krimidinner statt.

Wem das alles zu viel Spektakel ist, der genießt einfach in aller Ruhe in einer der liebevoll hergerichteten Stuben oder im lauschigen Wirtsgarten das gute fränkische Essen mit Schäufele, Kalbsbraten oder dem Markgrafen-Grillteller und genehmigt sich dazu ein Weizenbier aus der Familienbrauerei Gutmann oder einen fränkischen Schoppen. Wenn der Blick durch das Wirtshaus streift, das in Mittelfranken wirklich seinesgleichen sucht, dann ist das eigentlich der Verzauberung genug. Wer sich bei Frau Schalkhaußer als Stammgast bewährt hat, der darf auch in einem der wenigen ausgewählten Gästezimmer übernachten und sich wie einst der Markgraf von Ansbach nach einem vorzüglichen Mahle in altehrwürdigen Mauern betten.

Brandenburger Wirtshaus

Reichelsdorfer Hauptstraße 162
90453 Nürnberg

Telefon: 0911 / 636255

www.brandenburger-wirtshaus.de

Öffnungszeiten:
Mittwoch–Samstag
ab 17:00 Uhr
Mittagstisch gerne ab
20 Personen auf Anfrage
Sonntag
11:00–21:00 Uhr
Ruhetage:
Montag, Dienstag

18

Gasthof Weisses Lamm in Nürnberg-Kornburg

In Kornburg, einem Stadtteil an der südöstlichen Stadtgrenze der Metropole Nürnberg, steht der Gasthof Weißes Lamm, seit 1879 urkundlich verbrieft im Besitz der Familie Müller. Dieses Gasthaus fällt ein wenig aus dem Rahmen: Das ursprüngliche Gebäude, 1732 erbaut und vermutlich damals schon ein Wirtshaus, stand nicht unter Denkmalschutz und wurde 1979 abgerissen und an gleicher Stelle durch einen Neubau ersetzt. Das alte Sandsteinportal mit der Jahreszahl der Erbauung hat den Abriss als einziges historisches Dokument überstanden und ziert heute wieder den Eingang – allerdings mit dem Neubaudatum 1979.

In ihrem Gasthof haben die Müllers eine typisch fränkische, rustikale Wirtshausatmosphäre geschaffen, die nicht nur von der hiesigen Bevölkerung, sondern auch von überregionaler Prominenz geschätzt wird. So finden sich im Gästebuch des Hauses beispielsweise Einträge von Otto Waalkes, Hansi Hinterseer, den Bolschoi Don Kosaken oder Alfons Schuhbeck. Außerdem hatte bereits Willi Bilmann, Abwehrspieler der Nürnberger Meistermannschaft von 1936, hier jahrelang seinen Stammtisch, wie Heinz Müller sen., Vater des heutigen Inhabers Andreas Müller, gerne erzählt. Überhaupt haben Stammtische im Wirtshaus der Müllers noch Tradition. Sonntags kommt seit über 30 Jahren der sogenannte Mitternachtsstammtisch, der so heißt, weil es den Gästen selten gelingt, vor Mitternacht nach Hause zu gehen, und mittwochs hat der Radlstammtisch seinen festen Platz in der Gaststube (es wäre doch lustig, wenn jeder Stammtischler hier seinen kleinen Hometrainer hätte ...).

Schaut man auf die Karte, versteht man schnell, warum die Gäste gerne kommen und wiederkommen. Die Unterteilung in Tages-, Abend- und Saisonkarte sowie die Rubrik Spezialitäten zeigt, mit welchem Engagement der gelernte Koch und Chef des Hauses, Andreas Müller, in seiner Küche schaltet und waltet. Zudem betreiben die Müllers direkt neben dem Wirtshaus ihre eigene Metzgerei und können somit ausnahmslos für die Frische all ihrer Fleisch- und Wurstwaren garantieren. Der Hinweis „Jeden Mittwoch Schlachtschüssel" lässt das Herz eines jeden Liebhabers von Kesselfleisch, Lunge, Bries und Leber höher schlagen. Serviert bekommt der Gast all das in der guten Stube des Hauses. Bis zu 65 Gäste passen in den großen Raum. Gegenüber der Fensterfront erstreckt sich die Schanktheke, die erst vor wenigen Jahren erneuert wurde. Oberhalb der Theke und an den Wänden entlang verlaufen Ablagen für wirtshaustypische Dekorationsartikel wie Zinnteller, Krüge, Flaschen und Gläser. Die weiße Wand ist mit historischen Familienfotos, zurückgehend bis zur Generation des Urgroßvaters, sowie einem bunten Holzstich geschmückt. Der von aufgemalten Hopfendolden verzierte Trinkspruch „Wie schön ist es immer wieder, wenn Gäste treu gesinnt, in Einigkeit und Frieden, beim Glas Bier zusammen sind" animiert zu einer weiteren letzten Halben. In den Ecken des Zimmers finden sich geschnitzte Holzfiguren, wie etwa die Figur eines Bierbrauers

Auch Otto Waalkes hat die Gastfreundschaft im Weißen Lamm sichtlich genossen

neben der Theke, der sich ganz offensichtlich an seinem eigenen Gebräu labt. Butzenscheiben mit zweifarbigem Glas lassen genügend natürliches Licht herein.

Ähnliches gilt für das Nebenzimmer mit seinen 40 Plätzen: große Fenster, eine umlaufende Sitzbank und unter der Decke eine Holzvertäfelung mit Krügen und Tellern als Dekoration. Hier wird der Spruch „Das Trinken lernt der Mensch zuerst und später erst das Essen: Drum soll er auch als guter Christ, das Trinken nicht vergessen“ von einem geschnitzten Letzten Abendmahl unterstrichen. Ähnlich eingerichtet, allerdings ohne Fenster, ist das Stüberl im Obergeschoss mit seiner Holzdecke, der obligatorischen umlaufenden Bank sowie einer ebenfalls fast umlaufenden Holzablage für Porzellan, Teller und Tassen. Unterbrochen wird diese Dekoleiste an einer Zimmerseite von einem Spiegel, der von der Rückenlehne bis hinauf zur Decke reicht. Die holzvertäfelte Stirnseite des Raums ist mit einigen historischen Familienbildern geschmückt. Das Stüberl eignet sich sehr gut für kleinere Feierlichkeiten, die ein wenig Abstand zum restlichen Wirtshaus wahren möchten.

In den Sommermonaten gibt es die schönsten Plätze des Hauses vor der Tür. Rund 70 Freisitze locken auf dem zentralen Platz Kornburgs, zwischen Flockenstraße und Kornburger Hauptstraße. Der Platz wurde in den letzten Jahren neugestaltet und bietet nun statt einer beruhigten Durchfahrtsstraße, die früher von Gästen und Bedienungen überquert werden musste, Sitzplätze direkt am Gasthaus. Angrenzend an die Bestuhlung befindet sich ein begrüntes und von Birken gesäumtes Kriegerdenkmal. Ein beschaulicher Ort, um in aller Ruhe ein kühles Bier zu genießen!

Der lichtdurchflutete Gastraum

Gasthof Weißes Lamm

Flockenstraße 2
90455 Nürnberg

Telefon 09129 / 28160

www.weisses-lamm.com

Öffnungszeiten:
Täglich durchgehend geöffnet
Warme Küche
11:00–14:00 Uhr
und 17:00–21:00 Uhr
Ruhetag: Freitag

19

Waldschänke Brückkanal in Schwarzenbruck

Die Waldschänke Brückkanal ist nicht leicht zu finden. Am besten wählt man seinen Ausgangspunkt in Schwarzenbruck und folgt dann der Gsteiner und Röthenbacher Straße ortsauswärts in westlicher Richtung. Nach ca. 1,5 Kilometern biegt man scharf nach links in einen Flurbereinigungsweg ab, der nach weiteren zwei Kilometern durch ein Wäldchen zu dem malerisch gelegenen Biergarten der Waldschänke Brückkanal führt.

Wer sich fragt, wie die Gaststätte zu ihrem besonderen Namen kommt, der muss nur einige Schritte hinter dem Biergarten einem Pfad in westlicher Richtung durch den Wald folgen – und schon öffnet sich der Blick auf das namensgebende, denkmalgeschützte Bauwerk: ein sogenannter Brückkanal des Ludwig-Donau-Main-Kanals. Einer Bogenbrücke gleich, überspannt er eine Schlucht oder ein Gewässer, führt aber im Gegensatz zu einer Brücke keine Menschen und Wägen, sondern einen

Wasserkanal, ganz ähnlich den antiken Aquädukten. Im Falle des Brückkanals wird hier der Ludwig-Donau-Main-Kanal über die sogenannte Schwarzachschlucht geleitet, in der der gleichnamige rechte Nebenfluss der Rednitz fließt.

Das Bauprojekt „Ludwig-Donau-Main-Kanal" war eine verkehrstechnische Meisterleistung des 19. Jahrhunderts. Bereits 1824 hatte König Ludwig I. von Bayern sowohl aus wirtschaftlichen als auch aus politischen Gründen den Plan gefasst, eine Verbindung von Rhein und Donau und damit von Nordsee und Schwarzem Meer zu schaffen. Neben der Expansion des Handels sollte auf diese Weise wohl auch eine stärkere Verbundenheit zwischen Altbayern und den neuen Gebieten nördlich der Donau hergestellt werden. Bereits 1825 fertigte der Oberbaurat Freiherr von Pechmann im Auftrag des Königs die ersten Pläne für das gewaltige Kanalprojekt an, das zuletzt eine Strecke von 172 Kilometern mit 100 Schleusen und zahlreichen Brückenbauten überwinden sollte. Von den einst zehn Brückkanälen haben sich heute nur noch zwei erhalten, nämlich der über die Schwarzach und der über den Gauchsbach. 1834 wurde dann ein entsprechendes Gesetz zur Erbauung eines Kanals zur Verbindung des Mains mit der Donau erlassen. Neun Jahre später, 1843, war bereits der erste Kanalabschnitt von Bamberg über Nürnberg nach Kelheim befahrbar und wurde 1846 für den Verkehr freigegeben.

Der Bau des Brückkanales über die Schwarzachschlucht ist durch eine Urkunde für das Jahr 1839 bestätigt und dauerte wohl bis 1841. Die rundbogige Brückenkonstruktion mit einer Länge von 90, einer Breite von 15 und einer Höhe von 17,4 Metern hatte einen schweren Start. Die Mauerschalen hatte man zunächst mit lockerem Erdreich aufgefüllt. Als dann der Brückkanal geflutet wurde, drückte das nun feuchte Erdreich die Mauern auseinander, was zu starken Beschädigungen

und schließlich zu seinem Abtrag und Neubau führte. Die Widerlager des Nachfolgebaus wurden dann 1844 mit Gewölben geschlossen, was dem Brückkanal-Inneren fast einen sakralbauartigen Charakter verleiht. Außen wurde er mit Pilastern und einer Plattenrustika verschalt.

Die Anfänge der Waldschänke Brückkanal liegen im Jahre 1890. Damals bekam der Kanalwärter Friedrich Haas vom Königlich Bayerischen Bezirksamt die Erlaubnis erteilt, dort am Brückkanal für Fremde Bier auszuschenken. Diese Erlaubnis wurde 1907 erweitert, sodass nun auch die winters in den umliegenden Wäldern beschäftigten Waldarbeiter bis Ende März von sechs Uhr morgens bis sechs Uhr abends mit Speisen und Getränken versorgt werden durften. In dem bereits 1844 errichteten Brückenhäuschen, das dem Kanalwärter und seiner Familie zunächst nur als Wohnhaus diente und das unter Verwendung der Trümmer des ersten eingestürzten Brückkanals erbaut worden sein soll, entwickelte sich nach und nach ein kleiner Wirtschaftsbetrieb. 1911 wurde das Gebäude aufgestockt und steht bis heute als mit Efeu bewachsenes Relikt der einstigen Gasthausanfänge inmitten des Biergartens. Bis in die 1960er-Jahre wohnten hier die Tochter und eine Tante des damaligen Wirtes Karl Zimmerer. Nach ihm wird das Gebäude auch Zimmerer-Stuben genannt. Für den Gastbetrieb spielt das alte Brückenwärterhäus-

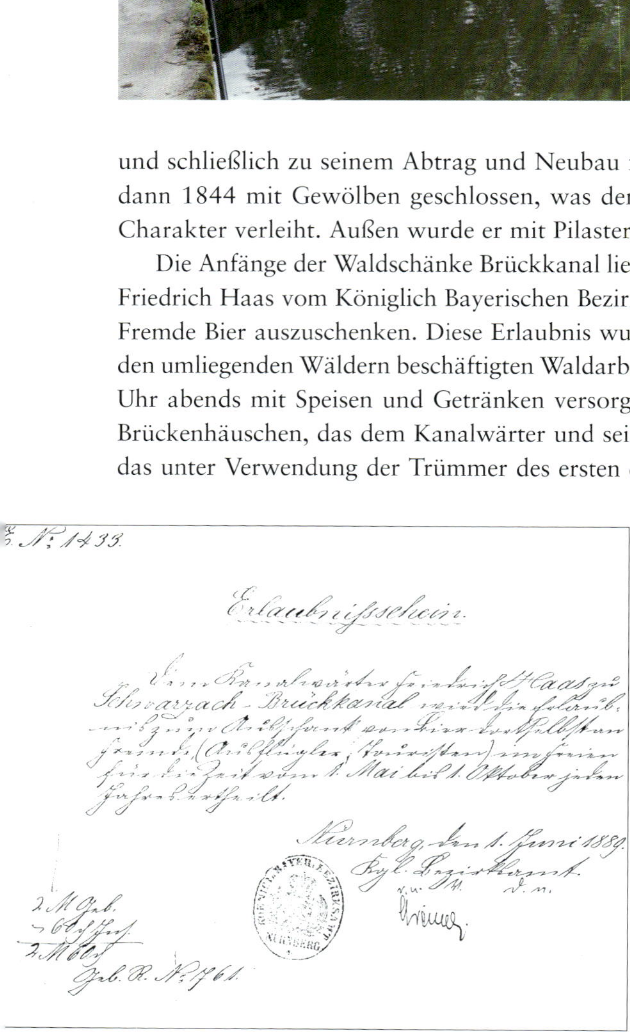

N: 1433.

Erlaubnißschein.

Dem Kanalwärter Friedrich Haas zu Schwarzach-Brückkanal wird die Erlaubniß zum Ausschank von Bier an Fremde (Ausflügler, Touristen) im Freien für die Zeit vom 1. Mai bis 1. Oktober jeden Jahres ertheilt.

Nürnberg, den 1. Juni 1889.
Kgl. Bezirksamt.

Geb. R. N: 1761.

Oben: Der Brückkanal aus der Mitte des 19. Jahrhunderts überwindet die Schwarzachschlucht.
Links: Königlich-bayerische Ausschankgenehmigung von 1890 für den Kanalwärter

chen inzwischen allerdings keine Rolle mehr.

Heute wird die Waldschänke nebst großem Biergarten von der Familie Böhm bewirtschaftet. Nachdem der Betrieb nach dem Tod des ehemaligen Wirtes Zimmerer 1968 drei Jahre brachgelegen hatte, nahmen die Eltern von Klaus Böhm, Heidi und Helmut, den Ausschank als reinen Sommerbetrieb wieder auf. Die ansteigenden Gästezahlen und die vielen Kurzurlauber führten dazu, dass nach und nach neue Gebäude auf dem Grundstück der einstigen Waldschänke errichtet wurden. Mittlerweile lebt die gesamte Familie Böhm, inklusive Großeltern und Kindern, am Brückkanal, und in der Hochsaison helfen auch alle zusammen. Anders wäre der Familienbetrieb nicht zu stemmen. So steht Wirtin Elke Böhm am Zapfhahn, während die Söhne ihrem Vater in der Küche zur Hand gehen. Im Sommer wird am Brückkanal, wie in zahlreichen anderen Kellerwirtschaften in Franken auch, nur der große Biergarten mit Selbstbedienung bewirtschaftet. Allerdings wirft Klaus Böhm ein, dass sie unter den ersten sind, die den Gartenbetrieb eröffnen. Daher kann man als Gast mit etwas Glück auch schon an einem sonnigen Spätwintertag sein Bier unter freiem Himmel genießen. Böhm bereitet dazu dann in der Küche die bewährten fränkischen Spezialitäten wie Schäufele, Fleischküchle oder Krautwickel und ist auch Gerichten der „alten fränkischen Küche“ gegenüber nicht abgeneigt. Dann stehen zum Beispiel Leber oder Pfefferhaxe auf der Karte. Am Nachmittag werden zudem von Elke Böhm selbstgebackene Kuchen serviert, sodass bei den zahlreichen Tagestouristen und Radlern kein Wunsch offen bleibt.

Am 1. Mai sowie am Vatertag und zur Sonnwende wird am Brückkanal Livemusik geboten. Ein besonderes Highlight ist das traditionelle Wintersonnwendfeuer im Dezember, das alljährlich von einem kleinen Weihnachtsmarkt im wunderbaren Winterwaldambiente begleitet wird. Im Sommer freilich sollte man den nahe gelegenen Brückkanal näher in Augenschein nehmen und die Füße zur Abkühlung in den Kanal baumeln lassen.

Biergartenluft macht durstig!

Waldschänke Brückkanal

Am Brückkanal 3
90537 Schwarzenbruck

Telefon: 09128 / 4326

www.brueckkanal.com

Öffnungszeiten:
Dienstag–Sonntag
10:00–22:00 Uhr
Ruhetag: Montag

Restaurant & Hotel Der Schwan in Schwanstetten

Wer kennt es nicht, das Märchen vom hässlichen Entlein, das sich in einen wunderschönen Schwan verwandelt? Ganz ähnlich sagenhaft hat sich die Verwandlung des Gasthauses Schwan in Schwanstetten abgespielt: Seit 2013 strahlt es nun dank der guten Zusammenarbeit der jetzigen Eigentümerin und Wirtin mit Herz, Sylvia Lehmann, mit dem Bayerischen Landesamt für Denkmalpflege in neuem Glanz. Mit Fug und Recht kann man behaupten, dass der Schwan das „Der" im Namen durchaus verdient hat.

Wer nun meint, das Gasthaus habe seinen Namen von dem des Ortes Schwanstetten, dem sei gesagt, dass der heutige Ortsname erst mit der Gebietsreform von 1978 aufkam: Damals wurden die Namen der ehemals eigenständigen Orte Schwand und Leerstetten miteinander verschmolzen. Nichtsdestotrotz enthält das heutige Schwanstettener Wappen einen silbernen Schwan auf grünem Berg vor blauem Grund mit zinnenbekröntem Schildhaupt, welcher einem Gerichtssiegel von Schwand aus dem 15. Jahrhundert entnommen wurde. Insofern spielte das Tier wohl doch schon seit vielen Jahrhunderten eine wichtige Rolle für Schwand, pardon, Schwanstetten.

Bereits in der zweiten Hälften des 14. Jahrhunderts berichtet ein Urbar des Burggrafen von Nürnberg von einer Taverne in Schwand, die Reisenden und ihren Pferden bzw. Ochsengespannen eine Mahlzeit sowie über Nacht eine Herberge bereitstellen durfte. Schwanstetten, zu jener Zeit noch Schwand, lag damals an der Haupthandelsroute, die Nürnberg mit Altbayern

und der Oberpfalz verband, sodass man hier nach einer anstrengenden Tagesreise eine erste Haltestation einlegen konnte. Im Jahr 1490 wird in einem Bescheid des Marktgrafen Friedrich V. von Brandenburg (1460–1536) erstmals von einer „Erbschänke" in Zusammenhang mit dem heutigen Schwan gesprochen, der die mittlerweile zwei anderen Schankstätten im Ort alle Vierteljahr jeweils 22 ½ Pfennige „Neugeld" zahlen mussten. Ein Jahr später hält ein neuerlicher Bescheid sogar eine Abgabe von 45 Pfennigen im Vierteljahr fest, damit die Erbschänke weiterhin ihre Abgaben an die Herrschaft zahlen könne. Im Laufe der folgenden Jahrhunderte waren deren Inhaber durchaus honorige Persönlichkeiten: 1555 wird ein Mathes Strobel angeführt, der 1568 zum Richter in Schwand ernannt wurde. 1576 ist ein Hans Löhlein, seines Zeichens Altbürgermeister von Schwand, Inhaber der Erbschänke. Auch dessen Sohn, ebenfalls Hans Löhlein genannt, war sehr vermögend und bekleidete den Posten des Bürgermeisters. 1632, während des Dreißigjährigen Krieges, wurde nahezu der ganze Ort Schwand von den kaiserlichen Truppen niedergebrannt; auch die Erbschänke blieb nicht verschont. 1634 vermählte sich dann Hans Löhleins Tochter mit dem Richtersohn Nikolaus Schmelzer, der die Erbschänke in ihrer heutigen Form wiederaufbaute.

Bereits die ortsbildprägende Lage der einstigen Erbschänke unterstreicht ihre seit jeher große Bedeutung. Nähert man sich vom westlich gelegenen Rednitzhembach dem Ortsteil Schwand, so steht dort an der ersten Wegkreuzung das mächtige, zweigeschossige Eckgebäude mit überbauter Tordurchfahrt, dessen Oberstock und Giebel in reichem Zierfachwerk des 17. Jahrhunderts ausgeführt sind. Womöglich enthalten die Grundmauern ältere Bauteile, die noch ins 14. Jahrhundert datieren.

Auch das Innere des Schwans lädt mit seiner historischen Gaststättenausstattung zur Entschleunigung und zum Genießen ein. Der breite Flur ist mit großformatigen Solnhofer Kalksteinplatten ausgelegt, während der Hauptgastraum eine historische Bohlenbalkendecke und eine abgefaste

Historisches Gewölbe im Erdgeschoss

Unterzugsstütze aufweist. Die Holzbauteile sowie das Sichtfachwerk präsentieren sich nach eingehenden Befunduntersuchungen wieder in einem grau-bläulichen bzw. gelblichen Farbton, im Obergeschoss dominiert das fränkische Rot. Zudem finden sich im Flur sowie in einem großen Festsaal im Obergeschoss, dem sog. Markgrafensaal, noch Voluten- bzw. Grisaillemalereien des 17. Jahrhunderts. Alte Dielenböden und ein historischer Kachelofen vervollständigen hier das Bild eines alten Tanzsaals. In zwei kleineren Räumen des Erdgeschosses, die heute Übernachtungsgästen als Frühstücksraum dienen, hat sich noch ein historisches Gewölbe erhalten. In diesem Bereich könnten sich ehemalige Stallungen sowie die einstige Küche befunden haben.

Kulinarisch genießt man im Schwan gehobene fränkische Küche mit dem gewissen Etwas, wobei Sylvia Lehmann und ihr Küchenteam besonderen Wert auf saisonale und regionale Produkte legen. So wird im Schwan Kalbsbrust mit Semmelkloßfüllung kredenzt, aber auch saisonal gefülltes Cordon Bleu mit Frischkäse, Landschinken und Rucola. Aus den heimischen Gewässern gibt es zudem Saiblingsfilet mit Kräuterkruste und Perlgraupenrisotto. Für die Schleckermäuler hält die Köchin als Besonderheit ein Bauernhofeis aus Cadolzburg bereit. Wer dazu dann das ein oder andere Spalter Bier zu viel genossen hat oder sich einfach einmal eine Übernachtung in historischem Ambiente gönnen möchte, dem sei ein Aufenthalt in einem der aufwendig restaurierten Gästezimmer mit historischem Mobiliar ans Herz gelegt. Spätestens hier ist die Geschichte des Schwans als Taverne und Erbschänke noch erfahrbar. Im Gästezimmertrakt lassen sich zudem einige Besonderheiten entdecken: So finden sich im ehemaligen Dachstuhl noch große schmiedeeiserne Nägel, an denen Tabak getrocknet wurde. Dieser wurde in Schwand und Rednitzhembach seit 1663 angepflanzt. Einige historische Aufnahmen

Rechts: Die Unterzugstütze im Gastraum ist im historisch originalen Farbton gestrichen.
Unten: Heimische Brände und Liköre erwarten den Gast nach dem Genuss fränkischer Spezialitäten

des Wirtshauses aus dem späten 19. und frühen 20. Jahrhundert zeigen den Schwan mit trocknenden Tabakpflanzen an der Brüstung des Obergeschosses. Noch heute wird Tabak in der Gegend um Kammerstein angepflanzt.

Neben einem großzügigen Biergarten im Innenhof gehört zum Schwan ein ehemaliges Brauhaus, das sich südlich an den Hof anschließt. Das zwei- bzw. dreigeschossige Gebäude mit Fachwerkbauteilen und Mansardwalmdach datiert ins Jahr 1809, als der Schwan unter seinem damaligen Eigentümer, Jobst Lederer, die Erlaubnis zur Errichtung einer Brauerei erteilt bekam. Heute steht das Haus für besondere Veranstaltungen wie Vernissagen oder kleinere Familienfeiern zur Verfügung. Darüber hinaus finden hier das ganze Jahr über die unterschiedlichsten Veranstaltungen statt. So gibt es Lesungen und Konzerte, und an einem Wochenende im Dezember verwandelt sich der Innenhof des Schwans zu einem beschaulichen Weihnachtsmarkt mit allerlei Handwerkskunst. Natürlich darf auch ein traditionelles Gansessen an Martini sowie eine große Kirchweihfeier am zweiten Augustwochenende nicht fehlen.

Mit dem Schwan in Schwanstetten wurde ein Kleinod der mittelfränkischen Wirtshausgeschichte bewahrt – und nach einem Besuch scheint es schon gar nicht mehr so unwahrscheinlich, dass dieses Wirtshaus vielleicht doch Namenspate für den Ort gewesen sein könnte …

Restaurant & Hotel Der Schwan

Am Marktplatz 7
90596 Schwanstetten

Telefon: 09170 / 1052

www.hotel-der-schwan.de

Öffnungszeiten:
Montag–Sonntag
11:30–14:00 Uhr
und 17:30–21:00 Uhr
große Karte; dazwischen
Brotzeitkarte und kleinere
Gerichte

21

Brauereigasthof zum schwarzen Ross in Hilpoltstein

Wer auf einer Reise durch Mittelfranken nach Hilpoltstein im Landkreis Roth kommt, der kann sich auf einen Ort voll lebendiger, tausendjähriger Geschichte freuen: Die Burgstadt pflegt diese mit Liebe zum Detail, und der Brauereigasthof zum schwarzen Roß hat einen großen Anteil daran, dass die Historie der Stadt dem interessierten Besucher heute so detailgetreu vor Augen steht.

Der Brauereigasthof ermöglicht die ideale Verbindung zwischen Speis und Trank auf der einen und Befriedigung von geschichtlichem Wissensdurst auf der anderen Seite. Seit dem Jahr 2012 sorgt hier Pächter Mike Miemczyk für das leibliche Wohl seiner Gäste. Regionale Produkte, traditionelle fränkische Karpfen, Schweinemedaillons mit Rahmsauce und Spätzle oder Schwarzbiergulasch – das Schwarze Roß bietet „traditionelle fränkische Küche mit Produkten aus der Region", wie Miemczyk gerne betont. Und das alles wird den Gästen in einem vorbildlich wiederhergestellten, historischen Ambiente serviert. Der Gasthof besteht nachgewiesenermaßen bereits seit 1542 und befindet sich in hervorragendem Zustand. Das verdankt der heutige Pächter und Chefkoch dem Vorbesitzer

In dem Gebäude hinter dem langgestreckten Brauereigasthof aus dem 16. Jahrhundert befindet sich das Stadtmuseum

Blick in die vertäfelte Johann-Friedrich-Stube

des Hauses: Walter Mehl wa es, der dafür gesorgt hat, dass im traditionsreichen Schwarzen Roß noch heute gespeist werden kann.

Der selbstständige Maurermeister Mehl legt großen Wert auf die Denkmalpflege und rettete gemeinsam mit seiner Frau Ursula bereits zahlreiche alte Gebäude vor dem Verfall. 1993 kaufte er das Schwarze Roß und begann den zweigeschossigen Sandsteinquaderbau in einer jahrelangen, detailgetreuen und denkmalgerechten Restaurierung wieder instand zu setzen. Bei den Bodenarbeiten im Hof fand er zu seiner großen Überraschung schließlich sogar die Überreste einer Brauerei. Sie ist heute im Keller des rückwärtigen Gebäudes des Traditionsgasthofes zu bewundern und gilt als die einzige Brauerei der Renaissancezeit, die noch besichtigt werden kann. Darüber hat die Stadt Hilpoltstein im gleichen Gebäude das städtische Museum eingerichtet. Auf fünf Etagen kann man hier alles über das historische Bauhandwerk der Zimmerleute, Maurer und Steinmetze erfahren, mit welchen Werkzeugen sie gearbeitet haben und wie sie damit das Bild des heutigen Hilpoltstein prägten. Und das Faszinierendste ist: Die Ausstellungsstücke haben zwar einen langen, aber keinen weiten Weg hinter sich, wurden sie doch bei den Boden- und bei verschiedenen Sanierungs- und Renovierungsarbeiten direkt im und am Gasthof entdeckt. Fast alles, was Mehl damals fand, ist heute im Museum zu sehen. Außerdem legte er bei seinen Arbeiten den Gewölbekeller aus bearbeiteten und sorgfältig versetzten Steinquadern aus dem 12. Jahrhundert, den angrenzenden Hauptkeller und die im 16. und 17. Jahrhundert nachträglich errichteten Kellerräume frei. Sie können heute bei der offiziellen Kellerführung der Stadt Hilpoltstein besichtigt werden. Für seine Arbeit am Schwarzen Roß wurde Mehl unter anderem vom Bayerischen Staatsministerium für Wissenschaft, Forschung und Kunst ausgezeichnet. Pächter Mike Miemczyk stellt den restaurierten Keller übrigens auch gerne für Ritteressen in historischer Atmosphäre zur Verfügung.

Die kleine Dorothea-Maria-Stube

Nach den liebevollen Arbeiten Walter Mehls präsentiert sich das Gebäude heute mit freigelegten Fachwerkbalken, stilvollem Holzmobiliar und barocken Deckenmalereien. Im Erdgeschoss befinden sich der holzvertäfelte Hauptsaal mit Theke und Platz für rund 35 Personen sowie die Johann-Friedrich-Stube für knapp 20 Gäste und die etwas kleinere Dorothea-Maria-Stube. Im Obergeschoss trifft man bereits im Treppenhaus wieder auf Originalstücke aus der Ausgrabung: Werkzeuge, Geschirr, Gefäße. Öffnet man im ersten Stock die doppelflügelige Holztür zum Friedrich-Barbarossa-Saal, so steht man im größten Raum des Hauses. Er eignet sich für Hochzeiten, Geburtstage und Feiern aller Art und bietet spielend bis zu 80 Personen Platz. Entzückend auch der kleine Hedwig-Saal direkt nebenan: Mit Platz für etwa 15 Gäste lässt seine rechteckige Form das gemeinsame Sitzen kleinerer Gruppen an einer langen Tafel unter dem wunderbar restaurierten barocken Deckengemälde zu. Im Sommer lädt außerdem ein großer Biergarten im Innenhof zwischen Gasthof und Museum zum Sitzen im Freien ein. Und wer seinen Durst dann mit einem Bier oder einem guten Glas Frankenwein gestillt hat, ist bestens dafür gerüstet, im Museum nebenan noch einen Blick in die Vergangenheit des Schwarzen Roßes und der Stadt Hilpoltstein zu werfen.

Brauereigasthof zum schwarzen Roß

Marktstraße 10
91161 Hilpoltstein

Telefon: 09174 / 976980

www.hotelschwarzesross.de

Öffnungszeiten:
Täglich 11:00–14:30 Uhr
und 17:00–23:00 Uhr
Warme Küche
11:00–14:00 Uhr
und 17:00–21:30 Uhr
(an Sonn- und Feiertagen
bis 21:00 Uhr)

22

Gasthof Bögl in Hilpoltstein

Etwa 30 km südlich von Nürnberg liegt die Stadt Hilpoltstein, deren Anfänge schon im 10. Jahrhundert n. Chr. nachzuweisen sind. Heinrich von Stein und sein Sohn Hilpolt I. aus dem Geschlecht der Herren von Stein gelten um 1280 als die eigentlichen Begründer des „oppidum in Lapide“, der „Stadt am Stein“. Die rund 1000-jährige Geschichte der Siedlung ist heute noch in der historischen Altstadt spürbar. Im nordöstlichen Bereich der Kernstadt ruht auf einem Sandsteinfelsen die Ruine der Burg Hilpoltstein (nicht zu verwechseln mit der knapp 60 km weiter nördlich gelegenen Burg Hiltpoltstein).

Ruhen? – Nein! Alljährlich zieht am Wochenende des ersten Sonntags im August beim Burgfest Pfalzgräfin Dorothea Maria von Württemberg unter dem jubelnden Beifall der zumeist zeitgemäß gewandeten Bevölkerung aufs Neue in die Stadt ein. Ihr Gemahl Pfalzgraf Ottheinrich II. von Pfalz-Neuburg hatte ihr die Burg als Witwensitz vermacht. Ab 1606 wirkte sie über 30 Jahre lang segensreich in der Stadt. Doch nicht nur beim Burgfest herrscht bunter Trubel. Im Juli und August dient die ehemalige Festung zudem als Freilichtbühne für das Burgspiel und im Mai streifen beim Mittelalterfest „Ritter, Barden, Beutelschneider“ ebendiese durch das Burgareal und die Stadt.

Unweit des einstigen Adelssitzes blickt auch das Anwesen der Familie Bögl in der Zwingerstraße auf eine lange, bewegte Geschichte zurück. Der Grundriss des Gebäudes bestand in dieser Form wohl schon im 14. Jahrhundert. Zwischen 1548 und 1569 waren die Räumlichkeiten Wirkungsstätte eines Schmieds. Danach ging hier ein Bäcker rund 60 Jahre lang seinem Handwerk nach. Seit dem ausgehenden 17. Jahrhundert ist eine Gastwirtschaft nachgewiesen. Das heutige Erscheinungsbild des Satteldachbaus mit schmuckem Fachwerkobergeschoss und -giebel geht auf das Jahr 1650 zurück.

Seit 1827 schaltet und waltet Familie Bögl in der Gaststätte, die früher den Namen „Gasthof zum Hirschen“ trug. Chefin Sandra Lehner, die das Haus in sechster Generation führt, entschied sich nach der Heirat, das Wirtshaus nach ihrer Familie umzubenennen, um damit den Namen zu erhalten. Unter Hilpoltsteinern ist die Wirtschaft ohnehin nur als „Bögl“ bekannt. Der grazile goldene Hirsch im zierlichen Ausleger an der traufseitigen Fassade aber verweist noch auf die Zeit der Vorväter.

Bei der Übernahme im Jahr 2012 erfuhr das Innere der Gaststätte eine komplette Renovierung, die jedoch sehr behutsam und mit viel Weitsicht durchgeführt wurde. Schnörkelloses, massives

Das Thekenschild hat die jüngste Renovierung überlebt

Mobiliar und polierte Ahorntische stehen einem gutbürgerlichen Haus wie diesem zu jeder Zeit gut zu Gesicht. Und eine sehr erfreuliche Überraschung barg die Stube zudem: Die auf zwei mächtigen Unterzügen ruhende dunkle Bohlenbalkendecke war ganz in Vergessenheit geraten und kam erst bei den Renovierungsarbeiten wieder zum Vorschein. Sie verleiht der Gastwirtschaft einen imposanten Charakter.

Bekannt und beliebt ist der Bögl in und um Hilpoltstein vor allem für seine gutbürgerliche fränkische Küche. Besonders das klassische Schäufele mit deftigen Kartoffelklößen ist der Gäste liebster Schmaus und sorgt vor allem sonntags für ein gut gefülltes Haus. Saisonal spiegelt die Karte wider, was die Region an Spezialitäten zu bieten hat. Ob Spargel, Pilze oder Wild – die gelernte Köchin und Konditorin Sandra Lehner legt Wert auf Frische und Regionalität. Dazu schmeckt ein erfrischendes Seidla aus dem Hause Spalter, von dem die Wirtsfamilie seit nunmehr knapp 70 Jahren den goldenen Gerstensaft bezieht.

Und nicht nur Einheimische wissen die Gastfreundschaft in der alteingesessenen Wirtschaft zu schätzen. Urlauber, die das nahe fränkische Seenland erkunden wollen, logieren in einem der Fremdenzimmer, und auch die Nähe zu Nürnberg führt vor allem Messebesucher nach Hilpoltstein und in den Bögl. Nicht selten trifft man auf Gesellen der Freien Vogtländer Deutschlands. Die Handwerkergesellen, die nach ihrer Satzung mindestens zwei Jahre und einen Tag auf die Walz gehen und sich dabei niemals näher als 50 km ihrem Heimatort nähern dürfen, haben seit 1994 eine eigene Bude im Gasthaus Bögl. Als erste Anlaufstelle im Großraum Nürnberg ist diese hochfrequentiert, und die Brüder bringen stets Neuigkeiten und Geschichten aus aller Welt mit in die gute Stube. Gerne bleibt man dann a bisserl länger sitzen, genießt die familiäre Atmosphäre und träumt schon von seiner nächsten Einkehr im Gasthaus Bögl bei Sandra Lehner und ihrer Familie.

Erkennungszeichen der Handwerksgesellen der Freien Vogtländer Deutschlands, die auf ihrer Wanderschaft traditionell das Gasthaus Bögl als Herberge nutzen

Gasthof Bögl

Zwingerstraße 8
91161 Hilpoltstein

Telefon: 09174 / 1205

www.gasthof-boegl.de

Öffnungszeiten:
Mittwoch–Samstag
10:00–14:00 Uhr
und 17:00–22:00 Uhr
Sonntag 09:00–14:00 Uhr
und 17:00–22:00 Uhr
Ruhetage:
Montag, Dienstag

Hotel Restaurant Schwarzer Bär in Weissenburg

Aus der Zeit des ausgehenden Mittelalters stammt das Gasthaus Schwarzer Bär in Weißenburg im mittelfränkischen Landkreis Weißenburg-Gunzenhausen. Das zweistöckige Gebäude – eines der ältesten erhaltenen Häuser der Stadt – mit Fachwerkgiebel auf einem massiven Untergeschoss steht gegenüber dem Alten Rathaus am Marktplatz. Wissenschaftliche Untersuchungen datieren die Erbauung auf das Jahr 1428. Der Schwarze Bär ist seit jeher ein Wirtshaus, ab dem Jahr 1516 wurde hier auch Bier gebraut. Das Brauhaus schloss sich damals am südlichen Ende an das Hauptgebäude an und war eines von nur drei im Altstadtbereich zugelassenen Brauhäusern. Als Versammlungsort gab der Brauereigasthof Ende des 19. Jahrhunderts sogar einer Wählergemeinschaft ihren Namen: der Bärenpartei. Die Einstellung des über Jahrhunderte gepflegten Braubetriebs erfolgte 1906. Renovierungen am Haus sind seit dem 17. Jahrhundert belegt; Umbauten erfolgten 1874 (Kamineinbau), 1878 (Erneuerung der schadhaften Westmauer) und 1882 (Sanierung des Dachstuhls im Brauhaus). Die Jahreszahlen der letzten beiden großen Renovierungen 1960 und 1994 sind in einer Steinsäule rechts vom Haupteingang festgehalten.

Das Ende des Brauereibetriebs 1906 bedeutete für den Schwarzen Bären keineswegs, dass er aus dem Fokus des gesellschaftlichen Lebens verschwunden wäre. Noch im gleichen Jahr ließ Gastwirt Adolf Weisel die frühere Brauerei in einen Saal umbauen. In den folgenden Jahrzehnten wurde hier gegessen, getrunken und gefeiert, bevor für einige Zeit das Metropol-Kino einzog. Nach dem Zweiten Weltkrieg nutzten die amerikanischen Truppen die Räumlichkeiten als Durchgangslager, anschließend fand hier eine Korsettfabrik eine geeignete Produktionsstätte. 1994 wurde aus dem Saal das, was er heute ist: ein Frühstücksraum für die Übernachtungsgäste der elf Zimmer des Hotels Schwarzer Bär. Spuren seiner bewegten, langen Geschichte haben sich indes nicht erhalten. 2009 übernahm Inhaber Matthias Pröls den Schwarzen Bären und führt das Haus heute zusammen mit seiner ganzen Familie. Gemeinsam mit seinen Eltern wirkt er in der Küche, während seine Frau für den Service des Hauses verantwortlich zeichnet.

Das historische Eckhaus strahlt mit seiner mintgrünen Fassade und den dunkelrotbraunen Fachwerkbalken über den ganzen Marktplatz. Im Bereich vor dem Eingang ist in den Sommermonaten ein kleiner Biergarten eingerichtet. Gleich drei Mal wird der geneigte Besucher an der Stirnseite des Eckgebäudes darauf hingewiesen, wo er sich befindet: Direkt über dem steinernen Eingangsbogen ist das Logo des Hauses, der Schwarze Bär mit Bierkelch, in die Fassade eingearbeitet; auch

Blickfang am Marktplatz: Der Fachwerkgiebel des Schwarzen Bären aus dem 15. Jahrhundert

Alte Türen und niedrige Gewölbe zeugen vom ehrwürdigen Alter des Schwarzen Bären

auf einer ovalen Schieferplatte neben der Tür und im Ausleger begrüßt der Bär seine Gäste. Beim Betreten des Wirtshauses stehen wir im offenen Empfangsbereich von Gaststube und Hotel auf Solnhofener Naturstein. Zu beiden Seiten erschließt sich der Raum durch mehrere Bögen auf Steinsäulen. Nur hier im Eingangsbereich ist eine dunkle Holzdecke zu sehen. Rechter Hand befinden sich hinter den Bögen die hölzerne Schanktheke und eine Kinderspielecke. Auf der linken Seite des Eingangs geht es in den Großen Bärensaal. Bis zu 50 Personen können hier an den Tischen Platz nehmen und die Kochkunst von Inhaber und Küchenchef Matthias Pröls genießen. Die umlaufende Sitzbank aus schwarz lackiertem Holz bekam bei der Übernahme durch die Familie einen neuen dunkelroten Bezug und harmoniert hervorragend mit dem dunklen Mobiliar und den strahlend weißen Wänden. Eine kleine, tiefschwarze Holztür gehört samt Türstock und Beschlägen zum Originalbestand des Hauses aus dem Jahr 1428. Die großen, mehrflügeligen Fenster mit dunklen Holzrahmen fügen sich nicht nur sehr gut in das Gesamtbild der Gaststube, sondern sorgen auch dafür, dass die modernen eisernen Deckenleuchter tagsüber ausgeschaltet bleiben können. Über der Tür dient ein Holzbrett, auf dem zwei alte Salz- und Pfeffermühlen,

Eines der „Weißenburger Originale", Zeichnung von Alfons Dinnebier im Gasthof

zwei Porzellankännchen und ein ebensolcher Teller zusammen mit einigen Blumen stehen, der dezenten Dekoration des Raumes. Insgesamt bietet dieser bald 600 Jahre alte Gastraum ein authentisch-rustikales Ambiente mit hohem Gemütlichkeitsfaktor.

Vom Eingangsbereich in den hinteren Teil des Bären heißt es für große Menschen: Obacht, Kopf einziehen! Die im 15. Jahrhundert erbauten Bögen des Ganges sind definitiv nicht für Körperlängen bis zu zwei Meter ausgelegt. Ein Blick auf die Zeichnungen an den Wänden lohnt: Der Weißenburger Künstler Alfons Dinnebier hat auf ihnen „Weißenburger Originale" festgehalten, also Menschen, die über Jahre hinweg das Stadtbild geprägt haben, ohne dass man wirklich viel über sie wusste. Wer dann das kleine Stübchen auf der linken Seite betritt, muss wieder auf seinen Kopf achten – auch hier ist Bücken ab einer Körpergröße von 1,70 Meter unerlässlich, möchte man Kopfschmerzen vermeiden. Der Raum hinter der Holztür verfügt über vier Tische und wird im Tagesgeschäft oder von kleinen Gruppen genutzt. Einige Musikinstrumente wie eine Geige und eine Trompete bilden die schlichte, aber gerade deshalb in dem kleinen Raum sehr angenehme Dekoration.

Neben der herzhaft fränkischen Küche, die die Familie Pröls als Mitglied des Regionalbuffets serviert, können die Gäste sich im Schwarzen Bären etwas ganz Besonderes gönnen: antike römische Küche. Gegen Vorbestellung kommen sie in den Genuss von Gerichten, gekocht nach Originalrezepten von Marcus Gavius Apicius, einem römischen Feinschmecker, der seine Rezeptideen um das Jahr 25 v. Chr. in seinem Werk über die Kochkunst (De re coquinaria), dem ältesten erhaltenen römischen Kochbuch, festhielt. Da römische Kochbücher keine Mengenangaben liefern und viele der angegebenen Gewürze und Kräuter heute nicht mehr verwendet werden, liegen diesem Angebot unzählige Stunden des Probekochens und Ausprobierens zu Grunde. Nicht nur für Fans historischer Küche ein absolutes Glanzlicht!

Hotel Restaurant Schwarzer Bär

Marktplatz 13
91781 Weißenburg

Telefon: 09141 / 92426

www.derschwarzebaer.de

Öffnungszeiten:
Warme Küche
Montag–Freitag
11:30–14:00 Uhr
und 17:30–22:00 Uhr
Samstag
17:30–22:00 Uhr
Sonntag
11:30–14:00 Uhr

24

Bräustüberl zur Kanne in Weissenburg

Weißenburg im Landkreis Gunzenhausen war lange Zeit als Freie Reichsstadt nur dem Kaiser unterstellt. Noch heute zeugen die stolzen Bürgerhäuser und die weitgehend erhaltene Stadtbefestigung mit 38 Türmen und dem Ellinger Stadttor von dieser Blütezeit. Fachwerk- und barocke Steinhäuser prägen das Stadtbild; das Alte Rathaus von 1480, die Spitalkirche von 1447 und die St. Andreaskirche von 1327 wetteifern zudem mit reichen Funden aus der Römerzeit: Hier verlief einmal der Limes, der römische Schutzwall gegen die Germanen. Um das Leben der Römer erlebbar zu machen, hat man mit dem Kastell Biriciana sogar ein großes befestigtes römisches Heerlager wieder aufgebaut, eine römische Thermenlandschaft ergraben und wetterfest zugänglich gemacht sowie ein Museum zum hier gefundenen Römerschatz und zum Bau des Limes angegliedert.

Von so viel Geschichte werden wir durstig und besuchen ein historisches Wirtshaus mit ehemals angeschlossener Brauerei: das Bräustüberl zur Kanne mit seinem kleinen Brauereimuseum. 1772

begann man im benachbarten Haus zum goldenen Schwane in der Bachgasse Bier zu brauen und auszuschenken. Es gab zu dieser Zeit noch keine Großbrauereien und jeder Gastwirt braute sein Bier selbst. Im Jahr 1820 entstand hinter dem Wohn- und Wirtshaus eine größere Brauerei, die bis heute existiert und in der man an Stelle des „weißen“ Bieres fortan das beliebtere und bei entsprechender Lagerung auch länger haltbare „braune“ Bier braute. 1889 erwarb der aus dem benachbarten Berolzheim zugezogene Kaufmann Andreas Schneider das Wirtshaus und die Brauerei. 1897 zog er mit dem Wirtshaus um in das nebenan gelegene großzügigere Färberhaus (erbaut 1794) – die Brauerei hieß nun Schneider-Bräu, das Wirtshaus wurde zum Bräustüberl zur Kanne.

Das kleine Brauereimuseum im Keller des heutigen Wirtshauses zeigt neben allerlei historischen Gerätschaften zur Bierherstellung auch einige ungewöhnliche Schriftstücke aus der Zeit der Inflation nach dem Ersten Weltkrieg, die 1923 ihren absurden Höhepunkt erlebte. Anfangs druckte die Reichsbank noch Papiergeld in ungeheuren Massen, später mussten Städte, Gemeinden und sogar Betriebe ihr eigenes Geld drucken, um die Arbeiter bezahlen zu können. Einige dieser Ersatz-Zahlungsmittel der Brauerei sind im Museum zu bestaunen (mit Wertangaben von 100 000 und 300 000 Mark!), wie auch Ankündigungen aus der Zeitung zum jeweils steigenden Bierpreis: Zunächst 300, dann 1700, dann 3000 und zuletzt 8400 Mark waren für einen Liter Fassbier zu bezahlen (fast wie auf dem Münchner Oktoberfest ...)!

Heute gelten in der Kanne gottlob wieder normale, moderate Preise. Besitzer von Brauerei und Bräustüberl ist seit 1992 Thomas Schneider, Urenkel des Kaufmanns Andreas Schneider, der die Brauerei 1889 übernommen und die Brautradition seit 1872 fortgesetzt hatte. Das Wirtshaus, ein zweigeschossiger Mansarddachbau mit Zwerchhäusern (hausähnlichen Dachaufbauten) und schmückenden Ecklisenen in Naturstein präsentiert sich heute mit einer doppelläufigen Vortreppe in seiner ursprünglichen Form. Auch die Gaststätte innen ist seit den 1920er-Jahren kaum verändert worden. Thomas Schneider ist heute froh, dass seine Eltern und Großeltern in den 1950er- und 1960er-Jahren nicht genug Geld für eine Totalrenovierung aufbringen konnten, durch die das historische

Links: Aus den 1920er-Jahren hat sich die Einrichtung erhalten. Rechts: Der Rabe auf einer der Lampen beäugt die Gäste

Ambiente sicher verloren gegangen wäre. Er achtet heute darauf, dass sich notwendige technische Verbesserungen in die historische Einrichtung einpassen. So hat er die neue Kühlung und Zapfanlage behutsam in die uralte Theke einbauen lassen. Auch die alten schmalen Wirtshaustische sind noch da – für die heute eindeutig größeren Teller im Gastgewerbe wurden eben die Tischplatten ergänzt oder vergrößert. Ein besonderes Ausstattungsdetail sind die Leuchten über den Wirtshaustischen mit Figuren der verschiedenen Berufsstände – diese seien einmal von einer der Weltausstellungen zu Beginn des 20. Jahrhunderts mitgebracht worden. An allen Wänden der halbhoch holzgetäfelten Wirtsstube hängen Bilder und Fotografien aus dem Stadtleben Weißenburgs, und im kleineren Nebenzimmer grüßt uns König Ludwig II. in der Ecke des gleichnamigen Stammtisches.

Gastwirt und Koch der Kanne ist seit 2012 Andreas Goth, unterstützt von seiner Lebensgefährtin Tanja Hanke. Sie betreiben das Wirtshaus ganz klassisch mit frischer, regionaler und saisonaler Küche ohne Restaurant-Anspruch. Man findet neben traditioneller fränkischer Bratwurst und klassischen Schnitzel-Variationen eine umfangreiche Salatkarte, nach Saison auch Pilz- und Wildgerichte. Diese werden in zwei Gasträumen drinnen und im Sommer auch auf einer sonnigen Terrasse vor dem Haus serviert – es ist genug Platz vorhanden. Die Bachgasse ist zwar mit dem Auto zugänglich, aber zum Glück nur selten befahren – Bräustüberl und Terrasse sind also ein lauschiges Plätzchen, um heimisches Bier und fränkische Küche zu genießen.

Brauer Thomas Schneider hat sich übrigens mittlerweile ein zweites Standbein aufgebaut und betreibt in Leipzig parallel ein großes Wirtshaus mit kleiner Brauerei, das in dem dortigen nicht mehr genutzten Bayerischen Bahnhof sein Domizil hat. Hier werden auch Bierspezialitäten wie die Gose gebraut, die wegen bestimmter Geschmackszusätze ausdrücklich nicht dem bayerischen Reinheitsgebot entsprechen.

Als Schmankerl gibt es übrigens jeden Monat eines der in Leipzig gebrauten Biere auch im Bräustüberl zur Kanne in Weißenburg zu verkosten.

Bräustüberl zur Kanne

Bachgasse 15
91781 Weißenburg

Telefon: 09141 / 3844

www.schneider-bier.de

Öffnungszeiten:
Mittwoch–Sonntag
11:00–14:00 Uhr
und 17:30–23:00 Uhr
Ruhetage:
Montag, Dienstag

Gasthof Gentner in Spielberg bei Gnotzheim

Am südwestlichsten Rand des Hahnenkamms, des Nordwestausläufers der Fränkischen Alb, erhebt sich der Hagbuck mit 598 m über NHN. Auf seinem Gipfel thront das Schloss Spielberg. Das gleichnamige Dorf als Ortsteil des Marktes Gnotzheim im Landkreis Weißenburg-Gunzenhausen erstreckt sich unterhalb des Schlosses an den Hängen des Berges. Das mittelalterliche Schloss dient heute der Künstlerfamilie Steinacker als Wohnsitz und Atelier. Ernst Steinacker (1919–2008), der sich als christlicher Künstler insbesondere mit dem Menschen zwischen Geburt und Tod in Malerei und Bildhauerei auseinandersetzte, richtete bereits 1983 ein Museum für zeitgenössische Kunst in den Räumlichkeiten ein.

Aber nicht nur auf der Burg kommen Kunst- und Kulturliebhaber auf ihre Kosten. Auch unten im Dorf zieht der Gasthof Gentner schon allein durch sein Äußeres alle Blicke auf sich. Der Gutshof entstand in den Jahren 1671/72 als Wirtschaftshof des Schlosses und diente der Versorgung der Schlossherren und ihrer Gäste. Das behutsam und denkmalgerecht sanierte Anwesen zeigt sein außergewöhnliches Gesicht in unverfälschter Weise. Besonders das 1854/55 neu errichtete Sudhaus

der zugehörigen, mittlerweile jedoch stillgelegten Brauerei macht den geneigten Liebhaber staunen. Die in prächtigen Farben gestaltete Fassade und die hohen Rundbogenfenster erinnern eher an ein sakrales Bauwerk als an ein Wirtschaftsgebäude.

Seit der Fertigstellung der Sanierungsarbeiten im Jahr 2011 ist hier laufend ein buntes Programm an Ausstellungen, Konzerten, Lesungen und Theateraufführungen geboten. Das lichtdurchflutete hohe Gewölbe und der mehrstöckige, knarrende Malzboden stellen dafür einen Schauplatz, wie es ihn kein zweites Mal gibt. Das Anliegen der beiden Schwestern Walburga Gentner und Maria Braun-Gentner, Kunst, Kultur und Kulinarik auf ihrem Familienerbe zu einem Gesamtkonzept zu vereinen, kann man hier in unaufdringlicher Perfektion verwirklicht sehen.

Seit 1858 ist das Gut bereits im Besitz der Familie, die Schwestern übernahmen es 2004 in fünfter Generation. In der Stube ist alles beim Alten geblieben: Qualitätvolles Eichenparkett, vertäfelte Wände und eine umlaufende Sitzbank bestimmen ihr Gepräge. Die antike Einrichtung stammt aus dem sorgsam in Ehren gehaltenen Fundus der Familie und wurde seit der Zeit der Großeltern nicht verändert. Anmutige Sträußchen aus Wiesenblumen zieren die blankpolierten Tischplatten. Für rund 30 Gäste ist hier Platz zum Verweilen und Genießen. Im etwas kleineren gelben Zimmer nebenan setzt sich der unprätentiöse, doch klassische Stil ungebrochen fort. Das blaue Zimmer rechterhand des Eingangs weckt mit der kräftig blauen Farbe an den Wänden sogleich die Lebensgeister. Hier frühstücken die Übernachtungsgäste, die sich der ländlichen Idylle und erholsamen Natur rund um den Gutshof etwas länger hingeben wollen. Wechselnde Bilder an den Wänden der Stuben bieten außerdem einen gefälligen Vorgeschmack auf die aktuelle Ausstellung im Sudhaus.

Neben der Kunst kommt gemäß der Gentner'schen Philosophie freilich auch die Kulinarik nicht zu kurz. Je nach Saison verarbeitet Küchenchef Oliver Marschall frische, hochwertige Produkte von

Oben: Blick in das blaue Zimmer.
Links: Die Einrichtung der Stube samt Piano stammt aus Großmutters Zeiten

Klassisch schlicht: Das gelbe Zimmer

vorwiegend regionalen Produzenten (die sogar in der wöchentlich wechselnden Karte aufgelistet sind) zu besonderen Schmankerln mit fränkischem Esprit. Marschall, der sein Handwerk im Hotel Bareiss in Baiersbronn bei Küchenchef Paul Mertschuweit gelernt und mit Größen wie Hans Haas gearbeitet hat, steht voll und ganz hinter dem Konzept des Gentnerhofs. Die hektische, von Konkurrenzdruck und Profilierungsnot geprägte Sterneküche war so ganz und gar nicht nach seinem Geschmack. Wie für die Gentner-Schwestern ist auch für ihn Kreativität und Nachhaltigkeit oberste Prämisse, die Verbindung könnte also glücklicher nicht sein. Selbstredend hat dieser Anspruch seinen Preis – doch man schmeckt ihn auch, und das Besondere hat man nun mal nicht alle Tage.

Nach dem Speisen empfiehlt sich zum einen ein Tropfen der edlen Brände und Geiste, die schon adrett aufgereiht in der Stube bereitstehen. Zum anderen hilft ein Spaziergang über die Streuobstwiese der angrenzenden Obstarche, den Kreislauf wieder in Schwung zu bringen, und lehrt zudem Interessantes und Wissenswertes über historische Obstsorten aus der Region. Der Anbau alter, teilweise vom Aussterben bedrohter Apfel- und Birnensorten trägt zum Erhalt der fränkischen Apfel- und Birnenvielfalt bei und bietet die Grundlage für ein artenreiches Ökosystem. Fraglos ist auch der bloße Anblick der weiten Landschaft über die blühenden und fruchttragenden Obstbäume hinweg einen Moment des Innehaltens allemal wert.

Wie gut also, dass sich die Gentner-Schwestern dafür entschieden haben, den Hof nach dem plötzlichen Tod der Eltern zu übernehmen, obwohl es sie doch so sehr in die Welt hinausgezogen hätte. Heute wissen beide: Es war die richtige Entscheidung. Das so fern vermutete Glück liegt oft viel näher, als man meint. Nicht nur die rundum zufriedenen Gäste wissen die weltoffene, kunstaufgeschlossene Gesinnung, gepaart mit Wertschätzung der fränkischen Heimat und der Natur, zu schätzen. Reger Austausch und stetiger Ideenreichtum formen ein dynamisches Wechselspiel zwischen Künstlern und Kunstliebhabern, Gästen und Gastgebern, Urlaubern und Einheimischen. Und warum sollte man in die Welt hinausziehen, wenn die Welt zu einem nach Hause kommt?

Gasthof Gentner

Spielberg 1
91728 Gnotzheim

Telefon: 09833 / 988930

www.gasthof-gentner.de

Öffnungszeiten:
Mittwoch–Sonntag und an Feiertagen
11:30–14:00 Uhr
und 17:30–23:00 Uhr
Ruhetage:
Montag, Dienstag
Bitte beachten Sie den Termin der Sommerpause auf der Internetseite.

26

Hotel Goldene Rose in Dinkelsbühl

Wer mit den historischen Kulturreisezielen der Romantischen Straße vertraut ist, dem ist Dinkelsbühl mit Sicherheit ein Begriff, und auch wer schon einmal das Metal-Festival „Summerbreeze“ besucht hat, kennt die spätmittelalterliche Stadt südöstlich der Frankenhöhe. Ein lohnendes Ziel ist sie für alle, die Gefallen an pittoresken, verspielt-romantischen Stadtkulissen und der dazugehörigen touristischen Erschließung finden.

Heute kehren wir im Hotel Goldene Rose bei Familie Ollmann ein. Als Patrizierresidenz um 1450 erbaut, gehört es zu den zehn ältesten Gebäuden Dinkelsbühls. Zentral liegt es direkt am Marktplatz gegenüber dem eindrucksvollen Münster St. Georg. Auch als Herberge und Speisewirtschaft ist es altbewährt, denn die Umwandlung in ein Gasthaus für (betuchte) Reisende erfolgte bereits im 16. Jahrhundert. Nicht zuletzt die im Grundbuch eingetragene Taferngerechtigkeit ist ein Beleg dafür.

Die Gästeliste der vergangenen Jahrhunderte ist bemerkenswert: Gustav II. Adolf von Schweden, Kaiser Karl V., König Maximilian von Bayern, Kaiserin Katharina von Russland, die Könige Otto von Griechenland, Ludwig I. von Bayern und Friedrich Wilhelm von Preußen sowie Queen Victoria von England machten der Goldenen Rose schon ihre Aufwartung, um nur einige zu nennen. Etliche dieser gekrönten Häupter vergegenwärtigen die Porträts im hinteren Restaurantteil, der Ratsstube.

Im vorderen Teil haben wir die Wahl zwischen zwei Stuben: der Zunftstube zu unserer Rechten und dem Restaurant Ollmann's zu unserer Linken. Das Ollmann's schafft durch eine geschickte Kombination der noch erkennbaren ursprünglichen Schankraumausstattung an den Wänden mit frischen, modernen Elementen einen Brückenschlag zwischen gestern und morgen. Hier serviert der erfahrene Spezialitätengastronom Bernd Ollmann spannende Kreativküche, die insbesondere als Sechs-Gänge-Menü ein rundum stimmiges Genusserlebnis bietet. Wer sich hier zum Speisen niederlässt, der sollte auch den Blick gen Decke richten und die kunstfertig geschnitzten Balken betrachten. Alle zwölf Tierkreiszeichen sind hier versammelt.

Die Schnitzarbeiten an den Deckenbalken haben auch die Namensgebung der Zunftstube zu

Links: Einer der geschnitzten Deckenbalken in der Zunftstube (links unten).
Rechts: Eine prächtige Treppe führt zu den Hotelzimmern

verantworten: Hier sind die verschiedensten Zünfte symbolisch verewigt, und jeder einzelne Balken lohnt es, in Augenschein genommen zu werden. Beherrscht wird der Raum von einem großen Gemälde direkt vis-à-vis der Eingangstür, das eine Szene aus dem historischen Freilichtspiel „Die Kinderzeche" zeigt. Alljährlich wird das Festspiel, das für die Dinkelsbühler ein nicht wegzudenkender Teil ihres kulturellen Selbstverständnisses ist, in der ehemaligen Reichsstadt mit großem Aufwand aufgeführt. Ursprünglich ein Schulfest zur Belohnung der Schüler, entwickelte sich dieser Brauch seit Ende des 19. Jahrhunderts zum Stadtfest, bei dem man an die sagenhafte Errettung Dinkelsbühls vor den Schweden im Dreißigjährigen Krieg durch ein Mädchen, die Kinderlore, erinnert.

Kulinarisch bietet die Zunftstube eine Karte mit ausgewählten internationalen Gerichten mit regionalem Touch. Während der jeweiligen Spezialitätenwochen können Karpfen, Scholle und Matjes auf zehn verschiedene Arten genossen werden. Spargel, Schwammerl und Wild schließen sich im Jahreslauf an. Während der ausländischen Wochen wird das Angebot bestimmt von der Esskultur eines jeweils anderen ausgesuchten Landes. Dann gesellen sich beispielsweise indische, türkische oder spanische Delikatessen zu den heimischen Dauerbrennern.

Um die Zufriedenheit der Gäste kümmert sich dabei Restaurantleiter Martin Ollmann, während sein Bruder Christian die Zubereitung all der Gaumenfreuden in der Küche besorgt. Damit stehen die Söhne ganz in der Tradition des Seniors, der selbst die Gastronomie von der Pike auf gelernt hat und zuvor ein Spezialitätenrestaurant in Bad Reichenhall führte. Schon seit 1983 lebt das gebürtige Nord-

Rechts: Der Ausleger der Goldenen Rose.
Unten: Historisches Foto von einem der zahlreichen Besuche gekrönter Häupter in der Goldenen Rose

licht aus Lübeck mit seiner Oberpfälzer Gemahlin Christine in der mittelfränkischen Großen Kreisstadt und hat mit der Goldenen Rose eine Wirkungsstätte gefunden, die ihm wie auf den Leib geschneidert zu sein scheint. Sein Refugium ist die Rezeption im ersten Stock des Anwesens, wo er die Hotelgäste empfängt und einen reibungslosen Ablauf organisiert. Auf dem Weg nach oben sollten Sie in jedem Fall einen Blick auf die schmucke Eichentreppe werfen, die sogar als Einzeldenkmal geschützt ist.

Ist man in der Goldenen Rose zu Gast, trifft man auf Einheimische, die eine Familienfeier begehen, genauso wie auf Touristen aus der ganzen Welt, die über die Jahre zum Teil auch zu Stammgästen geworden sind und in dem Gasthaus immer wieder aufs Neue Quartier nehmen. Häufig nutzen Motorradfahrer und Golfer die Goldene Rose als Ausgangspunkt für Tagestouren oder um ihr Handicap im nahegelegenen Golfpark Dinkelsbühl zu verbessern. Tipps und Ratschläge gibt gerne Bernd Ollmann, der selbst leidenschaftlicher Biker und Golfer ist.

Was nun auch immer Ihr Steckenpferd sein mag – die facettenreiche Stadt bietet zahlreiche Möglichkeiten, ob sportliche, kulturelle oder kulinarische. Und auch beim bloßen Schlendern durch die malerischen Gässchen des historischen Stadtkerns wird einem die Zeit nicht lang. Nicht umsonst wurde die Dinkelsbühler Altstadt vom Magazin Focus zur schönsten Deutschlands gekürt.

Hotel Goldene Rose

Marktplatz 4
91550 Dinkelsbühl

Telefon: 09851 / 57750

www.hotel-goldene-rose.com

Öffnungszeiten:
täglich
11:00–22:00 Uhr

27

Brauereigaststätte zum wilden Mann in Dinkelsbühl

Wir schreiben das Jahr 1901. Der Brauer Friedrich Hauf aus Dentlein am Forst erwirbt das Gasthaus zum wilden Mann in Dinkelsbühl, unmittelbar vor dem Wörnitztor. Da seinem älteren Bruder das Vorrecht zustand, die elterliche Brauerei in Dentlein (heute Dentleiner Bier, Brauerei Hauf e. K.) fortzuführen, machte der jüngere Bruder aus der Not eine Tugend und gründete kurzerhand sein eigenes Unternehmen: die Geburtsstunde der „Brauerei Zum Wilden Mann, Friedrich Hauf".

Heute, nach über 110 Jahren, leitet Bernd Hauf, Friedrichs Urenkel, das erfolgreiche mittelständische Unternehmen, das seine Produktionsstätte ab 1928 nach und nach in die Feuchtwanger Straße verlegte. Die Brauerei Hauf KG in Dinkelsbühl ist eine nicht mehr wegzudenkende Marke in der Region. Der Wilde Mann wird als schmuckes Andenken an die Gründerzeit immer noch in Ehren gehalten und versorgt als

Die beiden Hauptgebäude des Wilden Mannes vor dem Dinkelsbühler Wörnitztor

Brauereigaststätte einheimische wie weitgereiste Besucher mit herzhafter fränkischer Kost und süffigen Tropfen aus dem Hause Hauf.

Die einzelnen Gebäude des Komplexes auf der Wörnitzinsel entstanden wohl zwischen dem 16. und 19. Jahrhundert. Während sie im Inneren mittlerweile eine Kernsanierung erfahren haben, ist an ihrem äußeren Erscheinungsbild der ursprüngliche Brauereibetrieb noch gut nachvollziehbar. Produziert wurde im hinteren Teil des Anwesens. Über dem Bleichtor befand sich bis zu ihrem Abriss die Mälzerei. Die benötigte Gerste wurde auf den Dachböden der Häuser eingelagert.

Während die ehemaligen Stallungen rechts im kleinen Haupthaus nach der Aufgabe der Landwirtschaft zu einem Saal umgebaut wurden, in dem bis zu 120 Gäste bewirtet werden können, ist die Gaststube des Wilden Mannes nach wie vor links im Erdgeschoss des großen Haupthauses zu finden. Qualitätvoll, bodenständig, schnörkellos – dafür entschied man sich bei der Neugestaltung der Einrichtung 1999, um dem originalen Charakter der Brauereigaststätte gerecht zu werden. Die Hauf'sche Brauerei ist in alten Schwarz-Weiß-Aufnahmen, auf ausgedienten Krügen und Flaschen und natürlich in den Gläsern der Gäste stets präsent. Gelegentlich, bei Veranstaltungen oder großem Andrang, steht sogar der Chef höchstselbst am Zapfhahn und greift seinem Serviceteam unter die Arme. Sein Metier ist in erster Linie die Brauerei; das Wirtshaus gibt er gern in die kundigen Hände seiner Geschäftsführerin Denise Anders.

Wirtshausstillleben

Sie und ihr Team haben für die Wünsche und Bedürfnisse ihrer Gäste immer ein offenes Ohr – seien es nun Kartenspieler, die mit ihrem Seidla vollauf zufrieden sind, oder Busgruppen, die eine stärkende Einkehr suchen. Auch auf der Speisekarte ist der schmackhafte Gerstensaft präsent: Der Schweinebraten „Braumeister-Art“ kommt mit Kartoffelknödeln und „Friedrich-Hauf“-Dunkelbiersoße daher und das „Bock-Bier-Geschnetzelte“ ist mit vollmundigem Starkbier verfeinert. Das „Bierkutscher-Schnitzel“ wird in aromatischem Malzschrot gewendet.

Doch was hat es eigentlich mit dem namensgebenden wilden Mann auf sich? Der schmiedeeiserne Ausleger an der Fassade gibt Aufschluss: ein wilder Mann mit Vollbart, Lendenschurz und Keule im Kampf mit einem scheußlichen Drachen. Bezeichnet ist das kleine Kunstwerk mit dem Jahr 1658, das Denkmalamt datiert es jedoch auf die erste Hälfte des 18. Jahrhunderts. Wie dem auch sei – der wilde Mann war als legendäre Sagengestalt schon im frühen Mittelalter tief im Volksglauben germanischer und slawischer Völker verwurzelt. Einerseits wurden die wilden Leute als halb-

Klare Linien bestimmen die Einrichtung der Gaststube

tierisch und primitiv angesehen, andererseits galt ihre Lebensweise jedoch auch als besonders naturverbunden und paradiesisch. Wilde Männer traten in vielfältiger Weise in Erscheinung: Wir finden sie beispielsweise in sinnbildlichen Darstellungen in der mittelalterlichen Kunst, als Figuren bei Umzügen, Festen und Ritualen, als Münzbild oder Schildhalter in Wappen. Außerdem diente der wilde Mann häufig als Namensgeber für Flurstücke, Berge, Bergbaueinrichtungen, Bergbaustädte und eben auch gastronomische Einrichtungen wie Wirtshäuser und Hotels. Als Hauszeichen ist er als Mannfigur im Fachwerk präsent. Und freilich ist bei genauerem Hinsehen auch die Literatur voll von wilden Männern: Das Grimm'sche Märchen „Der Eisenhans“ geht zum Beispiel auf die ursprünglich niederdeutsche Sage „De wilde Mann“ zurück. Auch Goethe gibt im zweiten Teil seines „Faust“ eine recht detaillierte Beschreibung der wilden Männer im Harz. Genug Stoff, um darüber wunderbar zu philosophieren – am besten natürlich inspiriert von einem kühlen Seidla im Biergarten vor dem Wilden Mann mit Blick auf ebendiesen schmiedeeisernen Gesellen.

Der helle Saal fasst bis zu 120 Gäste

Brauereigaststätte zum wilden Mann

Wörnitzstraße 1
91550 Dinkelsbühl

Telefon: 09851 / 552525

www.wildermann-dinkelsbuehl.de

Öffnungszeiten:
Montag, Dienstag,
Donnerstag und Samstag
10:00–14:00 Uhr
und 17:00–24:00 Uhr
Freitag 10:00–00:30 Uhr
durchgehend
Sonntag 10:00–22:00 Uhr
durchgehend
Ruhetag: Mittwoch

Hotel Restaurant Goldenes Lamm in Dinkelsbühl

Türme, Tore, Mauern, Wassergräben, romantisches Fachwerk und bunte Fassaden – die ehemalige Reichsstadt Dinkelsbühl verzaubert mit einem geradezu märchenhaften Stadtpanorama. In den Gässchen und auf den Plätzen herrscht auf Märkten, bei Stadtfesten und Freilichtspielen stets reges Treiben.

Während Touristen aus aller Welt von Stadtturm zu Stadtturm ziehen und sich staunend am Deutschen Haus oder vor dem Alten Rathaus versammeln, gönnen wir uns eine Pause in einer ruhigen Seitengasse unweit des Zentrums. Unser Ziel, der stattliche, farbenprächtige Giebelbau in der Langen Gasse, reicht im Kern wohl bis auf das 16. Jahrhundert zurück und beherbergt den Gasthof Goldenes Lamm. Der Schlussstein des Rundbogenportals mit der Jahreszahl 1920 und den Initialen K. R. bezeichnet das Jahr des Erwerbs des Gasthofs durch Karl Ries, den ersten Wirt des Goldenen Lamms und Vorfahr der heutigen Wirtsfamilie Fandrey.

Zur Vesper lassen wir uns im lauschigen Riesagärtle, dem Biergarten an der Rückseite der schmucken Schankstatt, nieder. Zwischen allerhand grünenden und blühenden Gewächsen schmecken die Leckerbissen aus dem kulinarischen Kalender der Fandreys gleich doppelt so gut. Primtjes zum Beispiel – zarter Matjes aus Holland –, Spargel, Pfifferlinge und Karpfen stehen auf dem Programm. Und auch hier müssen wir nicht auf die Sehenswürdigkeiten der spätmittelalterlichen Stadt an der Romantischen Straße verzichten. Das Goldene Lamm liegt in unmittelbarer Nähe des Deutschordenschlosses. 1764 wurde es im Barockstil neu errichtet, im Dreiecksgiebel prangt das Wappen des Bauherrn Karl Alexander Herzog von Lothringen (1712–1780).

Wenn im Herbst die Sonnenstrahlen den Biergarten zwar in goldenes Licht tauchen, doch nicht mehr kräftig genug sind, um geneigte Freisitzer zu wärmen, bietet der vollverglaste Wintergarten das ersehnte Draußen-Gefühl. Er kann vollständig zum Garten hin geöffnet werden, die Übergänge zwischen drinnen und draußen sind fließend.

Etliche Details im Inneren des gepflegten Gasthauses bezeugen die Geschichte der Wirtsfamilie in der Stadt Dinkelsbühl. Bevor der vielseitig engagierte, tatkräftige Urgroßvater des heutigen Wirts Sebastian Fandrey, Karl Ries, 1920 das Lamm übernahm, hatte er ab 1912 bereits den (heute nicht mehr existierenden) Rosenkeller zusammen mit seiner Frau Kunigunde bewirtschaftet. Eine gerahmte Zeitungsannonce in der Gaststube präsentiert den gelernten Holzdrechsler auch als Festwirt beim Volksfest zur Kinderzeche auf dem Schießwasen. Als Mitbegründer der SPD und als SPD-Stadtrat hatte er es nicht leicht während des Dritten Reichs. Seiner Ämter wurde er enthoben, doch er überstand die schwere Zeit. 1945 wurde er von den Amerikanern als Bürgermeister der Stadt eingesetzt und anschließend von

Links: Hier wird der Gast mit gediegener Eleganz empfangen.
Rechts: In der Stube erinnert ein Porträt an den ersten Wirt, Karl Ries, 1945–52 Bürgermeister von Dinkelsbühl

der Bevölkerung durch Wahl bestätigt. Er bekleidete dieses Amt bis 1952. Sein Porträt finden wir in der Stube links, gleich neben dem Foto von Johannes Rau (Bundespräsident 1999–2004) bei einem Besuch im Goldenen Lamm 1997.

Ab 1948 übernahm Karl Ries jun. mit seiner Frau Frieda die Leitung der Gastwirtschaft. Tochter Karola führte sie ab 1974 mit ihrem Bremer Gatten Jörn „Bobby" Fandrey weiter. Die Ausstattung der Wirtschaft geht in weiten Teilen auf ihr Wirken zurück. Gelernt hatte Karola Fandrey-Ries in Liechtenstein, England und der Schweiz, wo sie mit Bobby auch die Liebe fand. Der frühe Tod ihres Mannes ließ die Wirtstochter und Gastronomin 1991 jedoch mit zwei Kindern und einem Wirtshaus allein zurück – eine richtige Mammutaufgabe. Die Ambitionen ihres Erstgeborenen Sebastian jedoch ermutigten sie, das Familienerbe zu behalten und sich dieser Aufgabe zu stellen. Zum Glück, denn seit 2003 liegt das Goldene Lamm tatsächlich in den Händen der beiden Küchenmeister Sebastian und Doris Fandrey. Sie haben sich – wie schon Sebastians Eltern – während ihrer Ausbildung in Graubünden gefunden.

Mit der Schweizer Capocuoca und Trägerin des Bayerischen Staatspreises ist auch etwas von der Schweizer Kulinarik ins Goldene Lamm eingezogen: Im Februar beispielsweise gibt es auf Vorbestellung Käse- oder Fleischfondue zum gemeinsamen Schlemmen in illustrer Runde. Mit dem traditionellen Starkbierfest nach dem Fasching lebt das Andenken an den Großvater bis heute fort, und die fünfte Generation der Dinkelsbühler Wirtsfamilie steht auch schon in den Startlöchern. Die beiden Söhne genießen eine unbesorgte Kindheit im Familienbetrieb, doch Vincent hat schon seine Fühler ausgestreckt: „Kochen macht Spaß, das will ich auch mal machen!" – Die Geschichte des Goldenen Lamms ist hier noch lange nicht zu Ende.

Hotel Restaurant Goldenes Lamm

Lange Gasse 26/28
91550 Dinkelsbühl

Telefon: 09851 / 2267

www.goldenes.de

Öffnungszeiten:
Bis der Letzte gegen elf nach Hause geht
Küchenzeiten:
Donnerstag–Dienstag
11:00–13:30 Uhr
und 17:00–21:00 Uhr
Ruhetag:
Mittwoch (in der Regel)

„Die Kinderzeche“ zu Dinkelsbühl

Jedes Jahr findet in der alten Reichsstadt Dinkelsbühl das historische Kinder- und Heimatfest „Die Kinderzeche“ mit Festspiel und Umzug statt. Der Ursprung des ehemaligen Schulfestes hängt vermutlich mit der Entstehung der Lateinschulen in den Städten des Schwäbischen Städtebundes und des Schwäbischen Reichskreises um das Jahr 1500 zusammen. Zu Ferienbeginn zogen die Lateinschüler aus der Schule aus und in die Dorfwirtschaft. Die Schulzeche war zunächst den katholischen Schülern vorbehalten, ab 1654 fand auch eine evangelische Kinderzeche statt. Ab 1666 erhielten die Schüler jeweils vier Gulden Zechgeld von der Stadtkammer. Ein Reisebericht aus dem Jahr 1788 beschreibt, dass sich die Knaben bei ihrem Schulauszug in Fantasieuniformen kleideten. 1806 wurde Dinkelsbühl königlich-bayerische Landstadt und die Schüler trugen bei ihrem Auszug bayerische Landwehruniformen. Ab 1848 wurde die Kinderzeche mit den Ereignissen des Jahres 1632, also der kampflosen Übergabe der Stadt Dinkelsbühl an die Schweden im Dreißigjährigen Krieg, in Beziehung gesetzt. Von da an trugen die Umzügler Schwedenuniformen.

1897 verfasste der Dramaturg, Schauspieler, Spielleiter und Münchner Professor Ludwig Stark (1851–1917), aus dessen Feder auch das Rothenburger Festspiel „Der Meistertrunk“ stammt, ein historisches Laienspiel als Ergänzung zur Kinderzeche. Dabei wurde die Übergabe der Stadt an die Schweden mit der Fabel der Errettung Dinkelsbühls durch die Kinderlore in Beziehung gesetzt: Der Sage zufolge soll es einem Mädchen namens Lore, der Tochter des städtischen Turmwächters, gelungen sein, die Stadt vor der Plünderung und Zerstörung durch die Schweden zu retten. Sie hatte erfahren, dass der Sohn des schwedischen Heerführers erst kürzlich gestorben war, und bat deshalb zusammen mit der versammelten Kinderschar Dinkelsbühls um die Gnade des Befehlshabers. Dieser wurde vom Anblick der unschuldigen und schutzlosen Kinder erweicht und verschonte die Stadt.

Heute ist die Kinderzeche zentrales und identitätsstiftendes Fest in Dinkelsbühl und zu einer ganzen Festwoche angewachsen, an der 1100 Aktive mitwirken. Neben dem Festspiel selbst und dem Kinderumzug gibt es auch ein großes Schwedenlager vor der Stadt und ein Volksfest auf dem Schießwasen. 2014 wurde die Kinderzeche in das Verzeichnis des immateriellen Kulturerbes des Freistaats Bayern aufgenommen.

Flair Hotel Weisses Ross in Dinkelsbühl

Die Altstadt von Dinkelsbühl im mittelfränkischen Landkreis Ansbach gilt als eines der schönsten geschlossenen mittelalterlichen Ensembles Deutschlands. Das Stadtbild ist geprägt von historischen Gebäuden und wunderbar restaurierten Fassaden. Hier steht, an der Ecke des heute von Linden bestandenen ehemaligen Schweinemarkts und der Steingasse, Dinkelsbühls erster gepflasterter Straße, das Flair Hotel Weißes Roß. Der zweigeschossige Satteldachbau aus dem 16. Jahrhundert ist mit der Giebelseite zum Schweinemarkt hin ausgerichtet; betreten wird das Haus über den Eingang in der Steingasse 12.

Wer hier vor dem Eingang steht, der findet sogleich die ersten Hinweise darauf, was es mit dem Gasthaus Besonderes auf sich hat. Schräg über dem Eingang prangt der Begriff „Malerheim" in roter Frakturschrift an der Fassade, und

Bedeutende Maler der Münchner Schule gingen im Weißen Roß vor mehr als 100 Jahren ein und aus

Die Bilder in der noch im Originalzustand erhaltenen Gaststube waren seinerzeit oft das Zahlungsmittel der hier speisenden und einquartierten Künstler

über der Tür hängt ein gut zwei auf ein Meter großes Ölbild aus dem Jahr 1889. Es zeigt zwei Putten mit einem Rundschild, auf dem das namensgebende Weiße Roß abgebildet ist. Gemalt wurde es von Mitgliedern der sogenannten Münchner Schule, die das idyllische Dinkelsbühl ab 1888 für sich entdeckten, hier die stilprägende Landschaftsmalerei pflegten und das Weiße Roß zu ihrem Künstlerdomizil auserkoren. Originale von Josef Hegenbarth, Adolf Hacker oder Ernst Liebermann zieren noch heute die Wände der Gaststube. Zu jener Zeit war das Haus bereits seit einigen Jahren im Besitz der Familie Neuhäuser, seit 1968 wird es in dritter Generation von Joachim Neuhäuser und seiner Frau Anke geführt. „Die Bilder sind zum größten Teil als Bezahlung für Speis, Trank und Übernachtung in unseren Familienbesitz gelangt“, erklärt Neuhäuser mit einem Schmunzeln. Künstler hatten es zu Lebzeiten halt schon immer schwer, und nicht alle konnten ihre Arbeiten schnell veräußern. Im Weißen Roß aber war man auch als (noch) unbekannter Künstler ohne nennenswerte finanzielle Mittel willkommen und zahlte die Rechnungen direkt mit seiner Arbeit. Unter den Bildern befinden sich beispielsweise eine Zeichnung, die Ernst Liebermann 1920 von Neuhäusers Großmutter, der damaligen Hausherrin, angefertigt hat, sowie ein Ölgemälde des Hauses von Adolf Hacker (1910), auf dem der Schriftzug „Künstlerklause“ am Gebäude zu lesen ist. In guter Tradition gründeten Josef und Anke Neuhäuser 1973 im Weißen Roß ihre eigene Malschule, die sie 37 Jahre lang betrieben. Verschiedene Lehrer und Professoren, beispielsweise von der Staatlichen Akademie der Bildenden Künste Stuttgart, haben hier und später dann in den Räumen des Alten Rathauses ihr Know-how in zahllosen Stunden an wissbegierige junge Künstler weitergegeben.

Wenn man die Gaststube des Hauses heute betritt, fühlt man sich ganz unmittelbar in die damalige Zeit zurückversetzt. Praktisch alles, vom Boden über das Mobiliar bis hin zur dreiviertelhohen, dunkel gebeizten und die Fensternischen mit einbeziehenden Holzvertäfelung, stammt noch aus dem späten 19. Jahrhundert. Eine umlaufende Sitzbank bietet Platz für 55 Personen, und in der Mitte des Raumes stützt ein verzierter Holzpfeiler einen verkleideten, tragenden Querbalken. Neben den Bildern ziert eine mannshohe hölzerne Standuhr mit bemaltem Zifferblatt den Raum. Diese funktioniert zwar, jedoch nur sehr selten richtig, was Neuhäuser mit verzogenen Maßen aufgrund der Austrocknung des Holzes erklärt. Einige Zinnkrüge und Steingut sowie Porzellanfiguren und Blümchen stehen als weitere Dekoration in den Nischen der mehrflügeligen Fenster und auf der Lamperie. Ein nicht ganz so betagtes Requisit ist das Klavier zwischen Eingangstür und Theke. Gerne wird es von Gästen, besonders am Abend, gespielt, was eine herrlich romantische Stimmung in das historische Ambiente des Hauses zaubert. Auch die Comedian Harmonists ließen es sich nach einem Auftritt in Dinkelsbühl nicht nehmen, fast ihr komplettes Repertoire an dieser Stelle noch einmal zu wiederholen. Nicht umsonst zählt das Wirtshaus laut Bayerischem Kultusministerium zu den 50 am besten im Original erhaltenen Gaststuben in Bayern.

Neben dieser Stube hat das Weiße Roß einen zweiten Raum für rund 20 Personen, der überwiegend als Frühstückszimmer für die Übernachtungsgäste genutzt wird. Das Zimmer liegt in einem Anbau, von dem leider nicht bekannt ist, wann er genau entstand. Der Raum ist heller und schlichter als die historische Wirtsstube und wird in der Mitte von einer Mauer mit großen halbrunden Öffnungen geteilt. Hier hängen als Dekoration – wie kann es anders sein? – ebenfalls Bilder. Allerdings sind es in dieser neueren Stube auch neuere Bilder – nämlich Werke, die im Rahmen der

Malschule von Schülern und Lehrern geschaffen wurden. Optisches Highlight in diesem modern gestalteten Zimmer ist ein in die Wand eingelassener dekorativer Gewürzsafe.

Vor der Tür des Weißen Rosses, auf der schmalen Steingasse, gibt es für die heißen Tage des Jahres noch einige Straßenplätze, von Joachim Neuhäuser liebevoll „Straßenlokalität" genannt. Die ruhige Lage abseits der Hauptverkehrsstraßen und das Rathaus als „ruhiger Nachbar" machen es möglich, die regionale und saisonale gutbürgerliche Küche der Neuhäusers ungestört auch an der frischen Luft zu genießen. Besonders Radfahrer und Wanderer, Entspannungssuchende, Kulturliebhaber und natürlich Kunstschaffende zieht es noch heute in diesen Treffpunkt der Maler und Künstler.

Oben: Auch Gesang wurde in der „Künstlerklause" gepflegt. Unten: Gemälde des Gasthofs von Adolf Hacker (1910)

Flair Hotel Weißes Roß

Steingasse 12
91550 Dinkelsbühl

Telefon 09851 / 579890

www.hotel-weisses-ross.de

Öffnungszeiten:
11:30–14:00 Uhr
und 18:00–22:00 Uhr
Ruhetag:
Donnerstag (nur im Winter)

30

Deutsches Haus in Dinkelsbühl

Die historische Altstadt der großen Kreisstadt Dinkelsbühl im Landkreis Ansbach gilt als eines der bedeutendsten Kulturdenkmäler in Europa. Sie blieb in beiden Weltkriegen überwiegend unbeschädigt und ist heute die Grundlage für Dinkelsbühls Bedeutung als Tourismusort an der Romantischen Straße. Eines der Highlights im historischen Ensemble der Stadt ist das Deutsche Haus. Das im Jahr 1440 als Drechselhaus am Weinmarkt von Hans von Drechsel-Deufstetten erbaute Patrizierhaus wird mit Superlativen förmlich überschüttet und gilt als das Stammhaus der Grafen von Drechsel sowie der Freiherren Drechsel von und zu Unterdeufstetten. Als gotisches Steinhaus errichtet, bekam es Ende des 16. Jahrhunderts seine Fachwerkfassade, die heute von Kunsthistorikern als eine der „größten Leistungen der deutschen Spätrenaissance" gerühmt wird.

Heute beherbergt das Deutsche Haus sowohl ein Viersternehotel als auch das Altdeutsche Restaurant von Florian Kellerbauer, der hier in dritter Generation eine gelungene Symbiose zwischen Tradition und Moderne, zwischen regionaler fränkischer Küche und gehobener Gastronomie etabliert hat. Er hat in den besten Häusern gelernt, davon allein in drei der insgesamt nur zehn Drei-Sterne-Michelin-Restaurants, die es derzeit in Deutschland gibt. Ausdruck findet der Spagat zwischen gutbürgerlich und gehoben in der Karte des Lokals, die Kellerbauer in die Kategorien „Unsere Heimat" und „Unsere Leidenschaft" unterteilt hat. So schaffen es sowohl Zwiebelrostbraten vom fränkischen Weiderind mit hausgemachten Schupfnudeln als auch Salat von gegrillter Wassermelone mit Wildfanggarnele und Jakobsmuscheln auf die Karte. Bevor man allerdings in den Genuss der Küche kommt, sollte sich jeder Besucher einen Moment Zeit nehmen, um die vielgerühmte Fassade des Hauses zu betrachten. Eine vom heutigen Besitzer, Richard Kellerbauer (sen.), in Auftrag gegebene

dendrochronologische Untersuchung ergab, dass der oberste Giebelbalken des Fachwerks aus dem Jahr 1592 stammt. Zu jener Zeit war das Haus gerade in den Besitz von Peter Drechsel II. übergegangen. Von dessen Vater, Peter Drechsel I., ist bereits aus dem Jahr 1575 überliefert, er sei Wirt und Metsieder gewesen. Damals begann folglich die rund 500 Jahre alte Wirtshaustradition des Deutschen Hauses.

Das tragende Fachwerk ist geprägt von großem Facettenreichtum und insgesamt 38 geschnitzten Figuren an der Fassade, die von der antiken Mythologie über den katholischen bis zum protestantischen Glauben eine bunte Mischung an Religionsrichtungen vertreten. Direkt über der Tür erkennt man eine gekrönte Strahlenmadonna. Die Originalfigur stammt etwa aus dem Jahr 1700 und ist im Inneren des Hauses im ersten Stock hinter Glas ausgestellt. Als Steingraffiti ist auf der linken Seite der Fassade eine dem katholischen Glauben zuzuordnende Eva mit Schlange und Apfel als Zeichen für den Sündenfall und auf der rechten Seite die den Protestantismus bezeugende Abbildung eines auf der Schlange stehenden (auferstandenen) Jesus zu sehen. Ursächlich hierfür sind vermutlich die unterschiedlichen Glaubensausrichtungen der Brüder Peter und Hans Drechsel, die für die Fassadengestaltung in der zweiten Hälfte des 16. Jahrhunderts verantwortlich zeichneten. Im ersten und zweiten Obergeschoss sind dann links und rechts der Fenster leicht abgeschrägte Pfostensäulen mit den sieben Planetengöttern Luna, Merkur, Sol, Saturn, Jupiter, Mars und Venus sowie die Abbildung des Menschen verewigt. Die acht aus Holz geschnitzten Atlanten in den Geschossbrüstungen scheinen – als mythologische Träger der Himmelskörper – an der untersten Etage am schwersten zu tragen, während die Figuren in den höheren Geschossen deutlich weniger Mühe mit ihrer Last zu haben scheinen. Als krönender Abschluss ist unter dem Giebel, passend zum Standort des Hauses am Weinmarkt, eine nackte Bacchusfigur zu erkennen. Außerdem sind die Pfosten zwischen den

Der Gastraum ist mit Ritterszenen und Wappen prächtig ausgemalt

Statue der hl. Elisabeth von Thüringen aus Sandstein

Fenstern mit Weinreben verziert, die seit der letzten Renovierung 2011 wieder in sattem Grün erstrahlen. Eine im Jahr 1765 neben dem Eingang angebracht Inschrift weist auf verschiedene wichtige Daten des Hauses von der Erbauung 1440 bis zur besagten letzten Renovierung hin.

Im Eingang ist auf der rechten Seite der Grabstein von Peter Drechsel I. eingebaut. Die Grabinschrift gibt sein Todesjahr mit 1591 an. Geradeaus hinter einem steinernen Bogen befindet sich die Rezeption des Hotels, und das Treppenhaus führt, ebenfalls unter einem Rundbogen hindurch, hinauf zu den Zimmern des Hauses. Das dunkle Holz der Treppenstufen und des Geländers ist das Original aus dem 16. Jahrhundert. Auch die sich im Foyer an der Decke entlang rankende Bemalung stammt aus dieser Zeit. An der vom Eingang aus gesehen linken Wand zeigt ein Wandgemälde die (historisch nicht belegte) Hauptszene der Kinderzeche, in der es einem Kindermädchen und den Kindern der Stadt Dinkelsbühl im Dreißigjährigen Krieg gelang, die einfallenden Schweden davon zu überzeugen, die Stadt nicht zu zerstören. Die Kinderzeche, ein alljährlich in Dinkelsbühl stattfindendes Fest mit historischem Festspiel und Umzug, erinnert an dieses Ereignis. Das Bild stammt aus dem Jahr 1931 und zeigt die Originaldarsteller des damaligen Festspiels. Bis heute also können die Dinkelsbühler Abbilder ihrer eigenen Eltern und Großeltern und eventuell auch noch sich selbst auf diesem Gemälde des Rothenburger Künstlers Ernst Unbehauen erkennen.

Auf der rechten Seite des Eingangs liegt die Gaststube des Wirtshauses. Auch hier bemerkt man wieder die originalen Ranken an der Decke sowie in drei kleinen Nischen. An der Decke ist die Bemalung allerdings 1931 größtenteils dem damaligen Kunststil angepasst und mit Abbildungen der Wappen verschiedener Adelsgeschlechter übermalt worden.
Der Gastraum an sich bietet Platz für rund 50 Personen und ist umlaufend bis auf etwa zwei Drittel der Deckenhöhe holzvertäfelt. Dunkles Holzmobiliar, ein hervorragend gepflegtes Fischgrätparkett aus Rotbuche aus dem Jahr 1906, dunkle Deckenbalken und schwere Holzleuchter mit szenischen Darstellungen der Kinderzeche in der Mitte des Zimmers runden das Bild eines historischen Gastraums ab. Im hinteren Teil liegt die zu drei Seiten offene Schanktheke, die den Gastraum vom dahinterliegenden kleinen Tonnengewölbe trennt. Der kleine, weißgetünchte und dadurch sehr helle Raum wird im normalen Tagesgeschäft genutzt und ist mit einigen Hellebarden und Lanzen an den Wänden dekoriert.

Deutsches Haus

Weinmarkt 3
91550 Dinkelsbühl

Telefon: 09851 / 6058

www.deutsches-haus.net

Öffnungszeiten:
Täglich 12:00–14:00 Uhr
und 17:30–22:00 Uhr

Hotel-Gasthof Arnold, ehem. Zur Post und Zur Linde in Gunzenhausen

In Gunzenhausen liegt man im Sommer am Strand! Nicht, dass wir uns ans Meer verirrt hätten – die mittelfränkische Stadt liegt vielmehr inmitten des neu geschaffenen Fränkischen Seenlandes und grenzt direkt an den großen Altmühlsee. Dieser wurde in den 1980er-Jahren angelegt und ist mit 4,5 Quadratkilometern der zweitgrößte nach dem Großen Brombachsee. Ziel der Schaffung der Fränkischen Seenplatte im Rahmen des großen Rhein-Main-Donau-Kanalprojekts war es, einen Ausgleich zwischen dem wasserarmen Norden und dem wasserreichen Süden Bayerns vorzunehmen. So findet man heute also Freizeit und Wassersport in Gunzenhausen.

Alle Stuben sind vollständig mit Holz vertäfelt

Aber die Stadt hat auch eine historische Seite: Martin Luther und Johann Wolfgang von Goethe machten hier auf ihren Reisen nach Italien Station – Luther um 1510 auf dem Weg nach Rom als junger Mönch in Sachen eines Kirchenstreits, Goethe auf dem Rückweg von seiner zweiten Italien-Reise 1788. Luther hat man in der fränkischen Gemeinde mit dem nach ihm benannten Platz ein Denkmal gesetzt, und es gibt auch eine Tafel an dem Ort, wo er übernachtet haben soll (allerdings mit dem Datum 1518). Das Erbe Goethes pflegt heute ein Ableger der Weimarer Goethe-Gesellschaft hier in Gunzenhausen.

Damit kommen wir zur ehemaligen Poststation, dem Gasthof zur Post, in der Goethe übernachtet haben wird. Auch hier gibt es eine Tafel am Haus, die sogar das genaue Datum seiner Übernachtung nennt: vom 12. auf den 13. Juli 1788. Nach der von Goethe selbst veröffentlichten „Italienischen Reise" muss es aber eher im Juni gewesen sein. Weitere illustre Gäste des Hauses waren drei französische Generäle nach der Schlacht von Ulm im Oktober 1805 und der bayerische König Ludwig I. im Jahr 1840.

Die Geschichte des Wirtshauses geht allerdings weiter zurück bis ins Jahr 1633, als der Gürtler Hannß Mercklein hier eine erste Postanstalt errichtete. Das Anwesen wechselte mehrfach den Besitzer. Der im heutigen Gasthof ausgehängte Auszug aus dem „Häuserbuch" der Stadt nennt sogar akribisch die jeweiligen Verkaufsbeträge. Leider konnte sich keine Familie länger als zwei Generationen hier halten; 1988 war sogar einmal die Sparkasse (wohl infolge einer Insolvenz des Wirtes?) Besitzer des Gebäudes, und später auch ein örtlicher Unternehmer. Zusammengefasst: Es gab hier eine Kaiserliche Reichspostanstalt im Kurfürstentum Bayern; 1699 lässt sich eine Posthalterei nachweisen, die zum Oberpostamt Nürnberg gehörte. 1806 kam sie an Bayern und war bis 1808 eine Fürstlich Thurn und Taxis'sche Lehenspostanstalt im Königreich Bayern. Das hört sich doch wirklich gut an!

Das heutige Gebäude aus der Mitte des 18. Jahrhunderts ist in die Bayerische Denkmalliste eingetragen. Die Dachform ist ungleichmäßig: Nach Norden hat es ein Satteldach und nach Süden einen Schopfwalm, was bedeutet, dass das Dach an der Giebelseite noch eine kleinere geneigte Dachfläche besitzt, die zur Stabilität des gesamten Dachstuhls beiträgt. Dass die gesamte Dachkonstruktion weitgehend historisch erhalten ist, kann man auch an den noch vorhandenen sog. Fleder-

Rechts: Die Goethe-Stube. Unten: Leuchter mit Rankenmalerei

mausgauben erkennen – kleinen halbrunden Öffnungen im Dach, die den geflügelten Bewohnern einen Ein- und Ausgang anbieten.

Heute betreibt das Ehepaar Josef und Yvonne Arnold den historischen Gasthof. Sie kommen aus der schräg gegenüber liegenden Metzgerei mit Gasthof zur Linde und betreiben beide Häuser unter dem neuen gemeinsamen Namen Hotel-Gasthof Arnold. Auch der Gasthof Linde liegt in einem schon über 250-jährigen Gebäude und ist seit vier Generationen in Familienbesitz. Küche und Wirtshaus profitieren von der in Franken nicht unüblichen Verbindung mit einer Metzgerei – frische Speisen sind somit garantiert. Das Essensangebot ist bodenständig-fränkisch: Frische Bratwürste, saure Zipfel und Lunge sowie Sülze sind die Spezialitäten – darüber hinaus noch vieles, was die internationale Küche bietet. Mit dem Gasthof zur Post haben die Arnolds größere Räumlichkeiten hinzugewonnen; hier kann die moderne Küche auch Gesellschaften, Hochzeiten und Tagungen bewirten. Die Räume sind frisch renoviert, aber im Stil des alten Gasthofs Post erhalten: Wände und Decken holzgetäfelt und bemalt, das Mobiliar authentisch; die Bilder zeigen historische Gäste. Nach diesen sind auch die Stuben benannt: die König-Ludwig-, die Goethe- und natürlich die Poststube.

König Ludwig I. und Johann Wolfgang von Goethe würden sich auch heute hier wohlfühlen und könnten das neu geschaffene Fränkische Seenland bestaunen – ein Projekt, das übrigens auf den bayerischen König selbst zurückgeht: Er ließ zwischen 1836 und 1846 den ersten Main-Donau-Kanal anlegen, der die planerische Grundlage für den zwischen 1960 und 1992 erbauten neuen Europa-Kanal bildete. Zwischen Neumarkt i. d. Opf. und Nürnberg ist der „Alte Kanal", was sich irgendwie schöner anhört als Ludwig-Main-Donau-Kanal, übrigens in seiner schmalen historischen Form noch zu bewundern.

Hotel-Gasthof Arnold

Bahnhofstraße 7
91710 Gunzenhausen

Telefon: 09831 / 67470

www.gasthof-arnold.de

Öffnungszeiten:
Montag–Samstag
11:00–14:00 Uhr
Donnerstag
17:00–21:30 Uhr
Ruhetage:
Sonn- und Feiertage

32

Gasthaus & Pension zum Hirschen in Muhr am See

Direkt am Altmühlsee, im mittelfränkischen Landkreis Weißenburg-Gunzenhausen, liegt die kleine Gemeinde Muhr am See. Durch die perfekte Lage, knapp 50 km südlich von Nürnberg, hat sich hier ein ausgeprägter Tourismus entwickelt. Besonders Radfahrer und Wanderer, aber auch Segler und Kulturfreunde schätzen diese Gegend. Das Seezentrum in Muhr bietet neben einem Badestrand mit Liegewiesen und einem Jachthafen mit rund 300 Bootsliegeplätzen auch eine Fahrradvermietung sowie zahlreiche Angelmöglichkeiten. Und im Sommer locken die Altmühlsee Festspiele alljährlich zahlreiche Schauspiel- und Theaterfreunde an die Seebühne – natürlich ohne die rund 220 Vogelarten zu stören, die auf der Vogelinsel Altmühlsee, einem der bedeutendsten Vogelrückzugsgebiete in Süddeutschland, beheimatet sind.

In diesem Naherholungsidyll haben Bernhard Heinz und seine Frau Ines Wieland-Heinz 1992 das Gasthaus zum Hirschen von Bernhards Eltern übernommen. Diese hatten 1965 gemeinsam mit dem Großvater das Anwesen in den Familienbesitz gebracht. Der langgestreckte, zweigeschossige

Traufseitbau mit Satteldach wurde zwischen 1835 und 1840 errichtet und besteht, der mündlichen Überlieferung nach, aus den Steinen des Neumuhrer Schlosses, das Anfang der 1830er-Jahre abbrannte und dessen Grundmauern von den damaligen Schlossherren zum Abriss und zur Weiterverwendung freigegeben wurden. Es entstanden ein Brauereigasthof sowie eine Postkutschenstation. Das massive Gebäude steht heute innen und außen unter Denkmalschutz. Umso bemerkenswerter ist es, was das Ehepaar Heinz in den letzten Jahren daraus gemacht hat!

Anfang 2014 beendeten sie die Renovierung des alten Pferdestalls. In dem eindrucksvollen Gewölbe entstand ein heller, moderner Saal mit Platz für rund 70 Personen, einem eigenen Thekenbereich und behindertengerechten sanitären Anlagen. Die professionell designte Innenausstattung bildet dabei einen wunderbaren Kontrast zu den zahlreichen tragenden Säulen des Gewölbes und den – wenn auch nur auf alt getrimmten – rustikalen Wand- und Deckenfackeln. Die Mitte des Saals nimmt ein runder Stehtisch um eine der schön sanierten Säulen ein – der perfekte Platz, um Feiern jeder Art bei einem letzten Gläschen ausklingen zu lassen. Dafür, dass es im historischen Gewölbekeller, der bei der lokalen Bevölkerung „der Stall" genannt wird, auch im Winter schön warm ist, sorgt unter dem massiven Eichenboden eine hochmoderne Fußbodenheizung.

Damit sich aber nicht nur die Gäste im Hirschen wohlfühlen, sondern auch Küchenchefin Ines Wieland-Heinz in ihrem Arbeitsumfeld auf dem neuesten Stand ist, wurde vor wenigen Jahren die Küche komplett erneuert. Um den dafür nötigen Anbau vom Denkmalschutz genehmigt zu bekommen, bauten die Heinzes zwischen altem Gebäude und Anbau ein gut zwei Meter breites ‚Zwischenstück' mit Flachdach, an das der Küchenanbau mit ansteigendem Pultdach in Richtung Nachbargrundstück anschließt. Am besten ist dieser architektonische Trick vom Biergarten aus zu sehen, in dem im Sommer gut 100 Gäste Platz finden. Hier befindet sich zum Erstaunen der Gäste auch ein gut 4 m hoher, fest montierter Marterpfahl.

Oben: Die Gaststube wurde 2014 im Gewölbe des ehemaligen Pferdestalls eingerichtet.
Links: Der 1835–40 erbaute Gasthof diente einst auch als Postkutschenstation

Neben dem neuen Saal und dem Biergarten gibt es im Hirschen natürlich die traditionelle Stube, die im Großen und Ganzen heute noch so aussieht, wie sie bereits Bernhard Heinzes Eltern beim Kauf 1965 vorgefunden hatten. Der kleine Schanktresen, die umlaufende Holzsitzbank und das gesammelte Steingut versprühen den Charme vergangener Jahrzehnte. Rund 30 Personen finden hier Platz. Direkt angrenzend befindet sich ein kleinerer Saal, ebenfalls für etwa 30 Personen, dem man seine vor wenigen Jahren erfolgte Runderneuerung deutlich ansieht. Wurde der Raum früher als Abstell- und Rumpelkammer genutzt, sorgen helle Bodenfliesen, helles Deckenholz und eine schlichte, der Jahreszeit angepasste Dekoration heute für Wohlfühlambiente. Hier genießen Einheimische und Touristen in der Karpfensaison den typischen, frischen Fisch der Region. Dass er im Hirschen allerdings besonders gut ist, das könnte an einem Relikt aus der Zeit liegen, als das Gebäude noch eine Brauerei beherbergte: Noch immer liegt das „Wasserrecht" auf dem Grundstück, und seit jeher versorgen alte, unterirdische Leitungen den Hirschen permanent mit frischem Grundwasser, das aus einem kleinen Brunnen unweit des Grundstücks gewonnen wird. Natürlich nutzt der Hirsch heute das moderne Wasserleitungssystem; die Fische im Bassin im Hof allerdings bekommen ihr Frischwasser bis heute aus dieser Vorrichtung. Ein Grund mehr, in den Monaten mit R im Gasthaus zum Hirsch einen Karpfen zu bestellen!

Oben: Was wäre ein Wirtshaus ohne gesammelte Bierkrüge?

Gasthaus & Pension zum Hirschen

Ansbacher Straße 4
91735 Muhr am See

Telefon: 09831 / 3940

www.restaurant-altmuehlsee.de

Öffnungszeiten:
Dienstag–Sonntag
10:00–23:00 Uhr
Ruhetag: Montag

Gasthof zur Krone in Mitteleschenbach

Heute gehen wir zum Wirt – so schlicht und einfach sagt man in Mitteleschenbach, wenn man das Gasthaus zur Krone von Max Lederer meint. Dieser, gelernter Koch und Metzgermeister, ist demnach im Ort auch nur der „Wirt Max", wie er schmunzelnd berichtet. Bereits seit 1905, als die Familie Lederer das Gasthaus zur Krone übernahm, geht man in Mitteleschenbach einfach zum „Wirt Max". Tradition wird bei den Lederers nämlich nicht nur in Sachen Gasthaus groß geschrieben, sondern auch in der Namenswahl, denn bereits der Urgroßvater sowie Großvater und Vater des heutigen Wirtes trugen denselben Namen, und der nächste Sprössling namens Max steht auch schon in den Startlöchern.

Noch viel weiter als die Geschichte der Familie Lederer reicht die Geschichte des ersten Hauses am Platz, des Gasthauses zur Krone, zurück. Bereits die ortsbildprägende Lage des Wirtshauses,

direkt gegenüber der katholischen Pfarrkirche St. Nikolaus, weist auf die Bedeutung dieses Bauwerks innerhalb der Ortsstruktur hin. Mit seiner südöstlichen Hausecke, deren Fachwerkoberstock leicht in den Straßenraum auskragt, schiebt sich der imposante, zweigeschossige Satteldachbau unweigerlich ins Blickfeld, wenn man sich von Süden her dem Ortskern nähert. Auch wenn der heutige Bau seit 2006 nur ein baugleicher Nachbau des alten Wirtshauses ist – das historische Fachwerk war zu 70 % schadhaft und musste deshalb vollständig erneuert werden – und dadurch freilich seine Denkmaleigenschaft eingebüßt hat, so tut dies der historischen Bedeutung des Gasthauses zur Krone für den Ort Mitteleschenbach keinen Abbruch.

Angeblich reichen die Wurzeln des Gasthauses bis ins Jahr 1297 zurück; erstmals urkundlich fassbar wird es jedoch erst im Jahr 1518. So ist im Salbuch aus dem fraglichen Jahre die Rede von einem „unteren" und einem „oberen" Wirt in Mitteleschenbach. Ersterer, ein gewisser Konrad Wuttrich, bewirtschaftete demnach zu Beginn des 16. Jahrhunderts die bischöfliche Erbtaverne. Über Mitteleschenbach, ca. 20 Kilometer südöstlich von Ansbach gelegen, übte damals der Bischof von Eichstätt die Gemeindeherrschaft aus. Ein Wappenrelief mit goldenem Bischofsstab und die Inschrift „Ehem. Zehntscheune des Hochstifts Eichstätt" über der heutigen Eingangstüre des Gasthauses weisen auf jene bischöfliche Verbundenheit hin. Im Zuge des Dreißigjährigen Krieges, wahrscheinlich um das Jahr 1632, wurde Mitteleschenbach von den Schweden gebrandschatzt. Auch die bischöfliche Erbtaverne erlitt hierbei großen Schaden und musste wohl größtenteils neu aufgebaut werden. Im späten 17. Jahrhundert wurde Mitteleschenbach durch das eichstättische Pflegamt Wernfels mit Sitz in Spalt verwaltet. Die Tochter des damaligen bischöflichen Wirtes, Maria Anna Maag, hatte als Taufpaten den Pfleger von Wernfels, was wiederum das Ansehen des bischöflichen Wirtes von Mitteleschenbach unterstreicht. Zudem berichtet eine Archivalie aus dem Jahr 1736,

Links: Das Wirtshaus prägt das Ortsbild.
Rechts: Die Wirtsfamilie vor rund 100 Jahren

dass allein der „eichstättische Wirt" in Mitteleschenbach das Recht hatte, „Hochzeiten, Kindschenken und Gemeindstränke" abzuhalten. Und die übrigen Wirte am Ort mussten von diesem Gasthaus das Bier beziehen. 1756 wurde ein gewisser Johannes Waller bischöflicher Wirt. Er ließ am Gebäude größere Renovierungsmaßnahmen durchführen. Die Jahreszahl sowie seinen Namen trägt noch heute das profilierte Eingangsportal, das nach dem Neubau von 2006 aus dem historischen Vorgängerbau integriert wurde. Spätestens seit 1835 besaß das Gasthaus auch das Branntwein- und Bäckereirecht. Zudem ist bekannt, dass im bischöflichen Gasthaus dreimal im Jahr das „Ehehaftsgericht" – eine Art Dorfgericht, wohl vergleichbar mit dem heutigen Amtsgericht – abgehalten wurde, dessen Vorsitz der Pfleger des Amtes in Wernfels-Spalt innehatte. Die Wirtsfamilie Waller agierte hier ebenfalls als Gerichtsherren.

Heute wird im Gasthaus zur Krone freilich immer noch diskutiert und verhandelt, allerding eher im Rahmen des dort „tagenden" freitäglichen Stammtisches der Mitteleschenbacher. Hier kann man sich bei einem guten Spalter Bier die nebenan frisch verarbeiteten Fleisch- und Wurstwaren des Wirtes und Metzgermeisters Max Lederer schmecken lassen. Denn bereits der Großvater des heutigen Wirtes richtete 1937 im Gasthaus eine Metzgerei ein. Frischer kann man seine fränkischen „Broadwörschd", Kotelett oder mittwochs die traditionelle Schlachtschüssel mit „Knöchla", gekochtem Schäufele, Bauchfleisch und hausgemachter Blut- und Leberwurst eigentlich nicht genießen.

Aber die Lederers waren keineswegs nur Traditionalisten: Der Vater von Max Lederer bewies schon in den späten 1960er- und frühen 1970er-Jahren echten Pioniergeist und eröffnete im Gasthaus die ersten Gästezimmer. Als er dann 1973 auch noch im ehemaligen Stall des Anwesens ein Hallenschwimmbad für die Touristen bauen ließ, traute so mancher Mitteleschenbacher seinen Augen nicht. Hier wurde der Grundstein dafür gelegt, dass heute zahlreiche Urlauber in einem der mittlerweile 20 Gästezimmer logieren und im nahe gelegenen Mönchwald und fränkischen Seenland Erholung suchen. Man kann der Familie nur wünschen, dass noch zahlreiche Generationen von Max Lederers in Mitteleschenbach nachkommen werden, damit man auch noch in 100 Jahren beim „Wirt Max" auf ein gutes Spalter Bier und ein paar leckere „frängische Broadwörschd" vorbeikommen kann.

Gasthof zur Krone

Kirchenweg 2
91734 Mitteleschenbach

Telefon: 09871 / 806

www.wirtmax.de

Öffnungszeiten:
Dienstag–Sonntag
08:30–22:00 Uhr
(Schließung je nach Besucherzahl)
November–Ostern:
Samstag
ab 12:00 Uhr geschlossen
Ruhetag: Montag

Landgasthof Gotzenmühle in Lichtenau

Malerisch inmitten des schönen Zandtbachtales mit seinen vielen Mühlen liegt etwa 15 Kilometer südöstlich von Ansbach die Gotzenmühle, die heute einen Ortsteil von Lichtenau bildet. Der Zandtbach ist ein rechter Abzweig der fränkischen Rezat und seine Flussauen sind heute ausgezeichnetes Landschaftsschutzgebiet. Wer sich über den etwas seltsamen Namen wundert und die idyllische Mühle mit Götzendienst oder ähnlichem in Verbindung bringt, dem sei kurz erklärt, dass die Gotzenmühle ursprünglich zum Ort Gotzendorf gehörte, der 1291 als Göstendorf bzw. Dorf des Gosto erstmals urkundlich Erwähnung fand.

Bereits Goethe wusste das liebliche Zandtbachtal zu schätzen und übernachtete 1786 in der nicht weit entfernten Erlenmühle bei Wattenbach. Aber auch die Gotzenmühle hat berühmte Persönlichkeiten aufzuweisen, denn wer noch nicht die Bekanntschaft des jetzigen Wirtes, Fritz Ammon, gemacht hat, der hat wahrlich etwas verpasst. Der gelernte Müllermeister, jetzt Wirt, Herbergsvater und ausgewiesenes „Unikat“ mit Unterhalterqualitäten, hat viel über die Geschichte der Gotzenmühle zu berichten.

Die „Gotsnmil“, wie der Mittelfranke schlicht und einfach sagt, wurde bereits 1474 urkundlich erwähnt, als die beiden Brüder Endres und Albrecht Mendelsberger aus Sulzbach die Mühle sowie einige andere Besitzungen in Gotzendorf dem „Deutschen Haus zu Nureberg“ vermachten. Eine weitere Archivalie aus dem Jahre 1618 berichtet, dass die Gotzenmühle als Kornmühle ein oberschlächtiges Wasserrad von sieben Metern Durchmesser und ein unterschlächtiges Wasserrad für die Sägemühle besaß. Oberschlächtige Wasserräder nennt man diejenigen, bei denen das Wasser von oben her auf das Rad fällt, bei den unterschlächtigen fließt es unter dem Rad durch eine Führung. Von den Wasserrädern ist heute, abgesehen von zwei Eisenstirnrädern mit Eichenholzzähnen, leider nichts mehr zu sehen. Allerdings hat sich im westlichen Teil des heutigen Mühlengebäudes noch die komplette Mühlentechnik erhalten, die dem interessierten Besucher vom Gastwirt höchstpersönlich gezeigt und erklärt wird. Fritz Ammon hat noch bis zur Mühlenstilllegung im August 1972 Mehl in der Gotzenmühle gemahlen. Das heutige Mühlengebäude, ein mächtiger zweigeschossiger Satteldachbau mit ausladendem Zwerchhaus, wurde wohl im Jahre 1746 neu errichtet, wie der Abschlussstein eines Rundbogenportals an der Giebelseite anzeigt. Das Relief des Deutschordenskreuzes im Schlussstein weist ebenfalls noch auf die Zugehörigkeit zu dem einst mächtigen Deutschen Orden mit der Ballei Franken hin, der die fränkische Kulturlandschaft auch durch seine Bauten, wie die Residenz in Ellingen oder das Schloss in Wolframs-Eschenbach, nachhaltig prägte. Ein weiteres Relikt der denkmalgeschützten Mühle ist der historische Mühlenkanal, der westlich hinter dem Hauptgebäude verläuft und einstmals über ein hohes Gefälle die Wasserräder antrieb. Nach der Familie Miltner, die die Gotzenmühle seit dem ausgehenden 15. Jahrhundert bis ins 17. Jahrhundert bewirtschaftete, übernahm die Familie Rupp ab etwa 1720 die Gotzenmühle. Die Tochter von Johann Michael Rupp, Justina Barbara, heiratete dann einen Martin Ammon, womit die Zeit der Ammons in der Gotzenmühle begann.

Die Anfänge einer Gastwirtschaft in der einstigen Kornmühle liegen im 19. Jahrhundert. Während die Bauern aus der Umgebung warteten, bis ihr Getreide gemahlen war, bot es sich an, Bier auszuschenken, um der Kundschaft die Wartezeit auf das gemahlene Mehl zu verkürzen. 1876 wurde der Gotzenmühle dann offiziell das Schank- und Branntweinrecht erteilt. So lief die Mühle nahezu ein Jahrhundert parallel zur Schankstätte, bis sie 1972 offiziell stillgelegt wurde. Mit den Jahren vergrö-

Der historische Mühlenkanal hinter der Gotzenmühle

ßerte sich der einst kleine Schankraum und umfasst heute zwei große Räume sowie einen angeschlossenen Saal mit Bühne. 1947/48 wurde das einstmals eingeschossige Gebäude aufgestockt. Heute hat Fritz Ammon auf dem Mühlenanwesen einen Landgasthof mit angeschlossenem Urlaubsidyll geschaffen. Die eigene Quelle speist ein Bassin, in dem Karpfen und Forellen gezüchtet werden und dann fangfrisch in der Gaststätte auf dem Teller landen. Zudem züchtet Fritz Ammon seit 1990 Deutsch Angus-Rinder, die auf einer Weide westlich der Gotzenmühle grasen und deren Fleisch- und Wursterzeugnisse dann frisch von Frau Ammon zubereitet werden. Regelmäßig findet jeden ersten Freitag im Monat ein großes Ochsenschlachtfest statt. Am Pfingstsonntag und zur Kirchweih gibt es traditionell Ochs am Spieß. Zudem wird auch selbstgeschossenes Wild aus den umliegenden Wäldern oder aus dem Ammon'schen Dammwildgehege serviert. Selbst die Kartoffeln baut Ammon mittlerweile selbst an. Mehr Regionalität geht eigentlich nicht – und dafür steht Fritz Ammon auch ein. Er ist schon seit Jahren Mitglied beim sogenannten Regionalbuffet, einem Zusammenschluss von bäuerlichen Direktvermarktern, Gastronomie- und Handwerksbetrieben in Mittelfranken.

Jeder, der genießen und entschleunigen möchte, ist in der Gotzenmühle an der richtigen Adresse, und so bietet Fritz Ammon mittlerweile auch Gästezimmer sowie einige wenige Caravan-Stellplätze an. Wer dann noch etwas Fleisch- oder Wurstwaren sowie etwas vom berühmten Gotzenmühler Beerenwein als Andenken mit nach Hause nehmen möchte, findet im Hofladen bestimmt das ein oder andere Mitbringsel. Die größte Sehenswürdigkeit ist hier aber wahrscheinlich der Gastwirt selbst, der sich schmunzelnd und augenzwinkernd fragt, wann eigentlich endlich jemand mal ein Buch über sein Leben schreiben wird – genug Geschichten hätte er mit Sicherheit auf Lager. Ein großer Traum von Fritz Ammon wäre es noch, wenn er die Mühle wieder mit neuen Wasserrädern versehen und die Mahlwerke reaktivieren könnte. Er würde dann höchstselbst nach einem leckeren Essen und einem guten Bier für die Gäste eine große Mühlenführung anbieten …

Landgasthof Gotzenmühle

Gotzenmühle 1
91586 Lichtenau

Telefon: 09827 / 1292

www.gotzenmuehle.de

Öffnungszeiten:
Mittwoch–Sonntag
11:00–14:00 Uhr
und ab 17:00 Uhr, bis
die Gäste nach Hause gehen
Ruhetage:
Montag, Dienstag

35

Flair Hotel Die Post in Schillingsfürst

Die Gegend um das kleine Städtchen Schillingsfürst im Westen des Landkreises Ansbach begeistert viele naturliebende Radfahrer und Wanderer. Wir befinden uns im Schutzgebiet Naturpark Frankenhöhe und an der europäischen Hauptwasserscheide, die die beiden Flusssysteme des Rheins und der Donau voneinander trennt. Mehrere Rundwanderwege durchziehen das Gebiet und laden zu idyllischen Tagesausflügen ein. Zudem liegt Schillingsfürst an bekannten Fernwanderwegen wie dem Main-Donau- und dem Altmühlweg sowie an der beliebten Romantischen Straße.

Als praktischer Zwischenstopp oder Ausgangspunkt für die unterschiedlichen Wanderstrecken eignet sich das Flair-Hotel Die Post in Schillingsfürst. Die Ursprünge der traditionsreichen Gastwirtschaft reichen bis ins Jahr 1790 zurück. Schon damals wurde sie als Gasthaus mit Bäckerei geführt. Zwischendurch diente das Gebäude als Pferdewechselstation, bis der Ort schließlich gegen Ende des 19. Jahrhunderts einen Kopfbahnhof erhielt, den es heute allerdings nicht mehr gibt. Zum bestehenden Betrieb kam noch eine Landwirtschaft hinzu, und 1905 erfolgte unter Friedrich und Katharina Haag ein größerer Umbau zu einem neuen Gasthof.

Heute gehört auch die Brennerei Frankenhöhe dazu, die inzwischen bis zu 20 unterschiedliche Obstbrände herstellt. Angefangen hat dieser Geschäftszweig mit dem Fassküfer und Weinhändler Günther Leiblein, der 1958 in die Familie einheiratete. Bezahlt wurden die unterschiedlich großen Eichenholzfässer, die Leiblein für die Winzer fertigte, meistens mit den von seinen Kunden produzierten Weinen. Jedoch: Einen Vorrat an köstlichem Rebsaft im Haus zu haben, ist zwar angenehm, aber eine Familie kann man damit nicht ernähren. Die Weinvorräte mussten dem Wirtschaftskreislauf also erneut gewinnbringend zugeführt werden, und so wurde aus dem Fassküfer ein Weinhändler. Mit der Zeit kamen auch Spirituosen hinzu, die zwar mit eigenem Obst, aber bei auswärtigen Brennereien hergestellt wurden. Günthers Schwiegervater war von der Idee, Hochprozentiges in Holzfässern zu lagern, anfänglich nicht begeistert, ließ sich aber dazu überreden, es zumindest einmal auszuprobieren. Schnell war die anfängliche Skepsis verflogen – es dauerte nicht lange, bis man ein eigenes Brennrecht besitzen wollte. 1974 und 1979 erwarb Günther schließlich das Brennrecht für sich und seinen Sohn Friedrich, den heutigen Wirt der Post. Einer der ersten Lagerplätze für die Schnapsfässer war der Keller der gegenüberliegenden Kirche St. Kilian. Dort werden sie heute noch gelagert, was auch die in diesem Fall bemerkenswert zutreffende Aufschrift auf den Flaschenetiketten erklärt: „Der Geist Gottes schwebt über den Gewässern."

Gewässer spielen in der Post auch in anderer Hinsicht eine wichtige Rolle: Im Garten befindet sich ein Bassin für die eigenen Karpfen, die von September bis April fangfrisch auf den Tisch kommen. Hochprozentiges und Fisch sind jedoch noch längst nicht alles, was die Post auszeichnet. Eine kreative, abwechslungsreiche Küche, bestehend aus einer Mischung aus regionalen Klassikern und neuen Kombinationen, sorgt für einen glücklichen und gesättigten Gast, der gerne wiederkommt. So stehen Gerichte wie das fränkische Schäufele, Rehbockrücken mit gebratenen Pfifferlingen und gebratener Zander mit Butter-Kräuter-Sauce auf der Speisekarte. Aber auch

Lammbraten mit Thymiansauce oder gebratenes Elchsteak sorgen für (ent-)spannende Abwechslung.

Zum Schmausen gibt es in der Post jede Menge Platz. Neben den kleineren Räumen wie der Posthalterstube, dem Kaminzimmer und der Ratsstube gibt es das große Restaurant, in dem bis zu 80 Personen Platz finden. Der offene Raum wurde sowohl mit alten Holzmöbeln als auch mit modernen Ledersitzbänken ausgestattet. Ein alter Fasswagen mit einer obenauf angebrachten kleinen Weinpresse sorgt für Atmosphäre und erinnert an die Geschichte des Hauses. Das Weinmotiv findet sich auch bei dem zwei Stufen erhöht liegenden, separierten Tisch am Ende des Raumes wieder. Denn die dahinter liegende Wand zeigt das karikaturistische Gemälde einer feucht-fröhlichen Weinprobe. Eine Fensterfront, die die ganze Raumlänge einnimmt und die Gaststube in helles Licht taucht, eröffnet eine wunderschöne Sicht auf das grüne Umland und die Aussichtsterrasse. Von dort aus blickt man in die idyllische Landschaft und auf das Barockschloss der Fürsten Hohenlohe-Schillingsfürst, eine immer noch im Familienbesitz befindliche, beliebte Sehenswürdigkeit. Dazu gehört auch der Fürstliche Falkenhof mit seinen spannenden Flugvorführungen. Unbedingt sehenswert ist zudem das Brunnenhausmuseum mit seiner deutschlandweit einmaligen Ochsentretanlage aus dem frühen 18. Jahrhundert.

Die hier vorherrschende beschauliche Harmonie von Geist, Natur und Kultur ist es, die einen Besuch in Schillingsfürst so lohnend macht!

Musikalische Gäste willkommen!

Flair Hotel Die Post

Rothenburger Straße 1
91583 Schillingsfürst

Telefon: 09868 / 9500

www.flairhotel-altepost.de

Öffnungszeiten:
Täglich 11:30–14:00 Uhr
und 17:30–20:30 Uhr
November–März:
Montag–Freitag
Mittagstisch nur auf
Anmeldung

Hotel Restaurant Schwarzer Bock in Ansbach

Auf der Suche nach leckeren Bratwürsten wissen die Ansbacher ganz genau, wo sie hingehen müssen: zum Schwarzen Bock! Seit jeher sind die Bratwürste das Aushängeschild des Wirtshauses, denn einst war der Fleischmarkt in seiner direkten Nachbarschaft gelegen. Das für die Zubereitung benötigte Fleisch konnte somit schlachtfrisch geliefert und weiterverarbeitet werden. Sogar der bayrische Prinzregent Luitpold war begeistert von dieser Spezialität und ließ sie sich zu seinen unterschiedlichen Aufenthaltsorten liefern. Heute bekommt man in der traditionsreichen Gaststätte neben den klassischen Ansbacher Bratwürsten aus Schweinefleisch – die übrigens seit 1481 nach einem vom Ansbacher Rat beschlossenem Reinheitsgebot gefertigt werden – auch Wildbratwürste serviert. Da fällt die Wahl nicht leicht.

Der gute Ruf des Wirtshauses blickt auf eine lange Geschichte zurück. Der vordere Teil des Hauses mit der Gaststube des Schwarzen Bocks wurde um 1500 erbaut, der hintere Bereich, in dem die Hotelzimmer untergebracht sind, ist noch deutlich älter und stammt aus dem 11. Jahrhundert. Einige Wände der Hotelzimmer sind sogar Teil der einstigen Stadtmauer. Die auffälligste äußere Veränderung erfolgte gegen Ende des 19. Jahrhunderts, als das alte Fachwerk durch eine barockisierte Fassade mit Volutengiebel ersetzt wurde.

Blick vom Nebenraum in die Hauptstube

Von Anfang an war der Schwarze Bock eine beliebte Anlaufstelle für Reisende, die in Ansbach eine gute Mahlzeit einnehmen, sich ausruhen und übernachten wollen, liegt das Haus doch zentral inmitten der Altstadt, zwischen der Ansbacher Residenz und der alten markgräflichen Kanzlei sowie gegenüber der Hofkirche St. Gumbertus. Die Höhe der Decke in der Gaststube gilt als Beleg für die ständige Nutzung als Gastwirtschaft, denn wo heute gegessen wird, stellte man früher die Pferde der Gäste ein.

Was sich ebenfalls bis heute erhalten hat, ist das Konzept des Hauses. Seit jeher ist der Schwarze Bock bekannt für seine gutbürgerliche Küche, für die seit 2009 Christian Fuhrmann als Wirt einsteht. Sowohl die Speisekarte als auch der Stil des Hauses spiegeln eine gelungene Mischung aus bodenständiger Rustikalität und gehobenem Erscheinen wider – etwas Besonderes eben! Das Wirtshaus verfügt über eine Gaststube und einen durch zwei Türen zugänglichen, direkt an die Hauptstube angrenzenden kleinen Nebenraum, der 17 Personen Platz bietet. Wie für eine fränkische Stube üblich, besteht die Ausstattung der Räumlichkeiten primär aus Holz. Dekoriert wird schlicht und einfach, aber elegant. Die wenigen Bilder, die entweder die historische Fassade des Hauses zeigen oder im modernen Stil die Wald- und Heimatthematik aufgreifen, runden die Konzeption ab. Zwar verzichtet auch der Schwarze Bock nicht auf die in fast jeder bayrischen Gastwirtschaft vorhandenen Hirschgeweihe, setzt diese aber als modische silberne Kerzenleuchter um.

Was die Speisen hier auszeichnet, ist die Liebe zur Heimat und das Bewusstsein für regionale, mit Zeit und Hingabe zubereitete Gerichte. Nicht ohne Grund wurde der Schwarze Bock mit der Slow Food Schnecke und dem Regionalbuffet-Gütesiegel prämiert und ist unter anderem Mitglied in mehreren Jagdvereinen. Christian Fuhrmann kann somit frische Produkte und kurze Transportwege seiner einzelnen Waren gewährleisten. Für den Leiter des Hotels und Restaurants spielt außerdem Nachhaltigkeit eine entscheidende Rolle. So wurde beispielsweise das Dach der geschützten Terrasse mit Solaranlagen ausgestattet. Hier befindet sich auch das hauseigene Forellenbecken, dessen Wasser von den Ausläufern der Frankenhöhe stammt.

Zur Frage, woher der Name Schwarzer Bock stammt, gibt es verschiedene Überlegungen. Wirt Christian Fuhrmann erzählt uns seine ganz eigene Theorie: Früher sei es üblich gewesen, vor einem Stall ein Sündentier anzubringen. Man glaubte, dass es mögliche Krankheiten von Mensch und Tier, die in der Gaststätte Halt machen wollten, abfangen würde. Da Ziegen recht billig waren, könnte es sich bei dem Sündentier eben um eine Ziege gehandelt haben. Ob der Name wirklich von dem kleinen, in der Stadt beliebten Lastentier herrührt, lässt sich nicht beweisen – aber es ist zumindest eine schöne Geschichte.

Als wichtigste Veranstaltung des Gasthofs gilt der Studenten- und Jägertag. Zu diesem Anlass wird einmal im Jahr Ansbachs letzte Brauerei wiederbelebt: Schon im 18. und 19. Jahrhundert war der Schwarze Bock ein sogenannter Hausbräu. Wie damals werden dann um die 50 Liter Bier auf dem Herd gebraut und anschließend im Keller zum Gären gelagert – eine überschaubare Quantität für traditionsbewusste Genießer!

Wenn sich Wirt Christian einmal ausruht, dann an seinem Lieblingsplatz: Unter dem hintersten Tisch des Gastraumes zeigt der Dielenboden eine ausgetretene Stelle. Jedes Mal, wenn er dort sitzt, stellt er sich vor, wie auch vor ihm die Wirte hier saßen, mit den Füßen gescharrt und auf eintretende Gäste gewartet haben, während die Köche an diesem Tisch das Gemüse schnitten. Das wäre zumindest eine naheliegende Erklärung der vielen Kratzer im Holz der Tischplatte. – In diesem Punkt aber hat man mit der Tradition gebrochen: Das Gemüse wird längst nicht mehr im Gastraum geschnitten!

Die gediegene Einrichtung bietet den passenden Rahmen zu den regionalen Spezialitäten des Hauses

Hotel Restaurant Schwarzer Bock

Pfarrstraße 31
91522 Ansbach

Telefon: 0981 / 421240

www.schwarzerbock.com

Öffnungszeiten:
Täglich 12:00–22:00 Uhr
Warme Küche:
12:00–20:30 Uhr

37

Gasthof Kern in Lehrberg

Zeit und Leben kann die Uhr nicht bannen
Darum, du Gast, eile nicht von dannen,
Ruh aus bei mir beim guten Trunk
Und sieh nicht auf des Zeigers Stund

Diesem kleinen Gedicht begegnen wir in der Gaststube des Gasthofs Kern in Lehrberg. Es findet sich unter einer Zeichnung, auf welcher Sonne, Jäger, Jagdhund, Gockel und Mond eine rote Wanduhr umrahmen. Daneben ist das Wappen der Familie Kern mitsamt einer kleinen Familienchronik zu bestaunen. Es zeigt einen roten Schild mit einem weißen Balken. Das Oberwappen besteht aus einem gekrönten, mit Füllhörnern geschmückten Helm. Sowohl auf dem Schild als auch auf der Krone befindet sich jeweils ein rot-schwarzer Stern. Das Wappen steht für Macht, hohe Tugend, hellleuchtenden Ruhm und Adel. Der Text darunter informiert über die adelige Abstammung der Familie Kern. Ab 1258 gehörte ihr die Ortschaft Kernried bei Bern. Im Laufe der Jahre konnte sie ihren Besitz erweitern und saß in Zürich und Schaffhausen zu Rat. Ein Teil der Familie verließ schließlich im 15. Jahrhundert seine Heimat und kam nach Wasserburg in Bayern. Ein möglicher Grund für den Umzug könnte der durch die Pest entstandene Arbeitskräftemangel gewesen sein. Auch in Bayern wurde die Familie hoch geschätzt: 1620 wurde Albrecht Kern geadelt und erhielt als Lehen das Schloss Zellerrait im heutigen oberbayerischen Landkreis Rosenheim. 47 Jahre später wurde Michael Kern sogar zum Hofbuchhalter in Wien.

Einer seiner Nachfahren, Simon Kern, Großvater des heutigen Wirtes, kaufte 1927 im mittelfränkischen Lehrberg nahe Ansbach das Gebäude einer 1622 erbauten Brauerei und machte daraus ein Wirtshaus. Sein Enkel Klaus führt heute den Gasthof, den er 1988 von seinem Vater übernommen hat, in dritter Generation. Auch seine beiden Töchter helfen fleißig mit – der Gasthof Kern ist eben ein richtiger Familienbetrieb.

Seit 1927 hat sich freilich einiges verändert. Die umfangreichsten Umbaumaßnahmen gab Friedrich Kern in Auftrag, als er 1958 Wirt wurde. Er ließ die Gaststube vollständig renovieren, mehrere Gästezimmer neu einrichten und für den Schützenverein einen eigenen Anbau errichten. Nachdem die Schützen diesen nicht mehr nutzten, wurde er 1986 zu einem Saal für Feierlichkeiten mit bis zu 100 Personen umgebaut. Im gleichen Atemzug kaufte Klaus' Vater das nebenstehende alte Schulgebäude, um für weitere Gästezimmer Platz zu schaffen.

Klaus selbst konzentriert sich auf die Besonderheiten seiner Küche und wurde dadurch Mitglied im Regionalbuffet und der Frankulia Genießerküche. Dieses Engagement spiegelt sich auch in seinen bodenständigen Speisekarten wider: Bei seinen Gerichten verwendet er ausschließlich Produkte, die der Jahreszeit angemessen sind und vorwiegend aus der Region stammen. Für eine kulinarisch-kreative Abwechslung sorgen die zusätzliche Tages- und eine regelmäßig wechselnde Monatskarte, deren Inhalt saisonale Leckereien präsentiert.

Oben: Die gemütliche Gaststube.
Links: 1622 als Brauerei erbaut, seit 1927 als Wirtshaus im Besitz der Familie Kern

Links: Ein Bauer bei zünftiger Brotzeit.
Unten: Ein großes Bild mit einer Hirtenszene dominiert den Gastraum

Gegessen wird in der schlichten Gaststube. Dort haben wir schon die verzierte Uhr und das Familienwappen entdeckt. Große Bilder – ein mittelalterlicher Handwerker, ein Bauer sowie eine Hirtenszenerie – schmücken zusätzlich die Wände. Letzteres Bild nimmt fast die komplette Wandbreite ein. Ein kleiner Teil der Stube kann mittels einer Schiebetür abgetrennt werden. Für größere Veranstaltungen und Seminare bietet sich der schon erwähnte Saal an. In dem hellen, lichtdurchfluteten Raum kommen die in Pastelltönen gemalten Landschafts- und Ortsdarstellungen des Marktes Lehrberg besonders gut zur Geltung. Vom Saal aus gelangt man bequem zum Biergarten. Die anderen beiden Zugänge findet man zum einen gegenüber der großen Holztheke, die gleichzeitig auch die Rezeption für die Übernachtungsgäste ist, zum anderen an der Straße. Im Garten mit seinem Pflastersteinboden sitzt man unter großen, mit Efeu bewachsenen Bäumen. Man kann Wirt Klaus nur Recht geben, wenn er sagt, dass Bäume einfach zu einem richtigen Biergarten gehören – auch wenn sie ein wenig mehr Arbeit machen. Für zusätzlichen Schutz und Schatten sorgt die Überdachung, die sich über eine Hälfte des Gartens erstreckt.

Doch Vorsicht! Wenn man im Sommer unter der schattenspendenden Baumkrone sitzt und noch ein wenig bei einem fränkischen Trunk verweilt, kann es leicht passieren, dass man des Zeigers Stund vergisst ...

Gasthof Kern

Obere Hindenburgstraße 5
91611 Lehrberg

Telefon: 09820 / 222

www.gasthof-kern-lehrberg.de

Öffnungszeiten:
Warme Küche
Montag, Mittwoch–Sonntag
11:30–14:00 Uhr
und 17:00–21:00 Uhr
Ruhetag: Dienstag

38

Alte Braustube Dietz in Bruckberg

In der kleinen Gemeinde Bruckberg im Landkreis Ansbach, gelegen inmitten des Rangaus, geht es beschaulich zu. Knapp 1400 Einwohner genießen hier eine Ruhe, die schon im 19. Jahrhundert der deutsche Philosoph und Anthropologe Ludwig Feuerbach schätzte, der im spätbarocken Schloss Bruckberg lebte. In der ländlichen Idylle schrieb er einen Großteil seiner philosophischen Werke, unter anderem auch den zweiten Band seiner Geschichte der neueren Philosophie. Außerdem betrieb er ausgiebige naturkundliche Forschungen. Die mächtige Eiche, an der Feuerbach auf seinen ausgedehnten Spaziergängen regelmäßig vorbei kam, steht noch heute im Bruckberger Wald und ist als „Feuerbach-Eiche“ bekannt. Die besondere Qualität des Orts beschrieb der Philosoph 1851 in einem Brief so: „Bruckberg ist ein kleines, in einem anmutigen, aber beschränkten, von Wäldern und Äckern umgrenzten Wiesental gelegenes Dörfchen, das aber den großen Vorteil hat, dass hier kein Pfarrer und keine Kirche ist. Die hiesige Kirche oder das Kirchlein hat zu Ende des vorigen Jahrhunderts der Blitz vernichtet.“

Eine Kirche bekam der Ort erst 1934/35 mit der Ev.-luth. Martinskirche wieder. Der zweigeschossige Walmdachbau der ehemaligen Schlossbrauerei, nur einige hundert Meter entfernt von Feuerbachs Wohnschloss, stand da schon lange. Das Haus wird im Kern auf die Mitte des

Die imposante Lampenaufhängung über dem Stammtisch zeigt die Zunftsymbole der Brauer und Mälzer

17. Jahrhunderts datiert; heute betreibt hier Monika Dietz gemeinsam mit ihrem Sohn Simon die Alte Braustube Dietz. Die Familien- und Brauereigeschichte lässt sich bis auf den 1608 geborenen Marcus Dietz zurückverfolgen. Damals noch in Bad Windsheim ansässig, kam die Bierbrauerfamilie im Laufe der Jahrhunderte über Illesheim nach Bruckberg. 1924 war es Kaspar Dietz, der in Bruckberg Marie Margareta Scheiderer, die Tochter des Brauereibesitzers Georg Scheiderer, heiratete und fünf Jahre später die Brauerei überschrieben bekam. Der unter dem Namen Der Hausbrauer Dietz bekannte Betrieb wurde erst 2008, nach dem Tod von Braumeister Konrad Helmut Dietz, eingestellt. Seine von ihm geschiedene Frau Monika kaufte das Anwesen 2009 zurück in die Familie und lenkt seither die Geschicke der Alten Braustube.

Die Gaststätte verfügt über eine 1988 komplett restaurierte alte und eine 1998 angebaute neue Gaststube sowie einen Biergarten im Innenhof der alten Brauerei. Auch wenn die Gaststuben in ihrer heutigen Form keine jahrhundertealte Tradition haben, so verströmen doch beide durch ihre liebevolle Gestaltung das Flair gewachsener Brauereigaststätten. Die Alte Braustube ist ein vollkommen holzverkleideter Raum mit einer offenen Holztheke in der Mitte. Sowohl die Auflage der Theke als auch der Zapfhahn und ein als Stütze dienender kleiner Nachbau eines kupfernen Braukessels sind Arbeiten eines ortsansässigen Schmieds. Das gleiche gilt für die über den Tischen angebrachten Lampen aus kleinen Bierfässern und ihre kunstvoll verschlungenen Halterungen in Form von Hopfenranken. Die

Die neue Stube

Meisterbriefe der Familie, zurückreichend bis zu dem kunstvoll gestalteten Exemplar von Kaspar Dietz aus dem Jahr 1926, zieren die Wände. Dazu kommen Kopien alter Kupferstiche des Brauerhandwerks mit Motiven von Fassbindern, Braumeistern oder Brauermägden. Außerdem findet sich der Wappenbrief der Familie Dietz mitsamt einer bis ins Jahr 1563 zurückgehenden Familienchronik. Zur weiteren Dekoration stehen auf einer Ablage knapp unter der hölzernen Decke, den ganzen Raum umlaufend, unzählige Maßkrüge verschiedenster Brauereien. Insgesamt umfasst die Sammlung mehr als 300 solcher Stücke. Eine Ausnahme bildet nur das Eck hinter der Theke: Auf der Ablage über den beiden hier stehenden Tischen zeugen alte Bügeleisen aus der Zeit, als man noch Kohle statt elektrischen Strom benutzte, von der Technikbegeisterung und Sammelleidenschaft von Monika Dietz.

Ihrer Affinität zu kreativen, technischen Lösungen ist auch die Gestaltung der neuen Stube entsprungen. Um dem Hall im hohen Anbau entgegenzuwirken, ließ sie vom bereits erwähnten Schmied zusätzliche Trägerbalken unter der Decke einziehen. Mit Holzdielen ausgelegt und mit allerlei Brauereizubehör, Fässern, Säcken und getrocknetem Hopfen bestückt, sieht die vormals zu hohe Decke jetzt aus wie ein alter Dachboden. Der halbhoch vertäfelte Raum mit Holzboden ist wie eine Brauereigaststube aus dem 19. Jahrhundert ausgestattet.

Im Biergarten im Hof finden im Sommer bis zu 100 Personen an massiven Holzgarnituren Platz. Unter der jungen Kastanie und großen Schirmen genießen wir ein Bier und eines der typisch fränkischen Gerichte. Der alte Weißbierkeller dient als Ausschank zum Hof, und in einer außen am Haus angebrachten Glasvitrine sind etikettierte Flaschen aus der Zeit ausgestellt, als Kaspar Dietz hier noch seinem Beruf nachging. Und auch ohne eigene Brauerei lebt die Leidenschaft der Familie weiter: Kaspar Dietz' Urenkel Simon betreibt nicht nur zusammen mit seiner Mutter die Gaststätte, der gelernte Brauer und Mälzer ist mittlerweile auch ausgebildeter Biersommelier und bietet die unterschiedlichsten Seminare an. Wer also noch tiefer in die Welt des Bieres „eintauchen" möchte, der ist in der Alten Braustube Dietz genau richtig.

Alte Braustube Dietz

Feuerbachstraße 1
91590 Bruckberg

Telefon: 09824 / 9233690

www.alte-braustube.de

Öffnungszeiten:
Dienstag–Freitag
ab 17:00 Uhr
Samstag, Sonntag
ab 10:00 Uhr
Ruhetag: Montag

Burg Colmberg in Colmberg

Weithin schweift der Blick über das Obere Altmühltal. Umgeben von Rothenburg ob der Tauber im Westen, Dinkelsbühl im Süden und Ansbach im Osten, thront die Burg Colmberg herrschaftlich über dem Talgrund auf dem Heuberg. Schon aus der Ferne beherrscht der Bau mit dem rund 35 m hohen Bergfried das Panorama der Frankenhöhe. Seine Anfänge reichen auf eine kleine hölzerne Palisadenburg unter karolingischer Herrschaft bis ins Jahr 770 zurück. Bis 1240 wurde sie unter den deutschen Kaisern zur Reichsburg ausgebaut.

Eine bewegte Geschichte erzählen die Gemäuer, Dokumente und Hinterlassenschaften ehemaliger Herren über die Burg, die niemals eingenommen werden konnte. Für einen markanten Abschnitt

in den Annalen sorgten im 13. Jahrhundert die Grafen von Truhendingen: Mangels kaiserlicher Oberherrschaft nach dem Ende der Staufer in Italien konnten sie ihre weitläufigen Reichslehen, die sie mittlerweile als ihr rechtmäßiges Eigentum betrachteten, nicht selbst betreuen und verwalten. So gaben sie die Burg Colmberg in die Obhut schlecht bezahlter Vögte, die ihrerseits wiederum die Rechtlosigkeit zu ihren eigenen Gunsten ausnützten. In den ältesten Rothenburger Gerichtsbüchern ist nach 1275 eine schier unüberschaubare Anzahl von Klagen und Beschwerden der Bevölkerung aufgelistet: Zu den Delikten, die man den Colmberger Amtleuten vortrug, zählten vor allen Dingen unbezahlte Schulden, nicht eingehaltene Bürgschaften, Hausfriedensbruch, Freiheitsberaubung, Raub, Diebstahl und Brandstiftung. Burg Colmberg war eine waschechte Raubritterburg.

Aufgrund finanzieller Probleme und auch wegen des schlechten Rufs, den die Burg mittlerweile innehatte, trennten sich die Truhendinger Grafen von ihrem Besitz. Am 13. Juli 1318 wurde die Burg mit den dazugehörigen Ländereien und der Stadt Leutershausen an Friedrich IV. von Nürnberg verkauft und gelangte so in den Besitz der Hohenzollern, die die nächsten 500 Jahre über ihr Schicksal bestimmen sollten.

Oben: Das herrschaftliche Kaminzimmer mit Jagdtrophäen.
Links: Burg Colmberg – über 1000 Jahre alt

Im Rittersaal können bis zu 130 Personen fürstlich feiern

Doch wer sind die heutigen Burgherren? Seit 1964 ist es die Colmberger Familie Unbehauen, die die Geschicke der Festung lenkt und ihr aktuelles Gesicht gestaltet. In dritter Generation führt und bewirtschaftet Christian Unbehauen zusammen mit seiner Familie den ehrwürdigen, geschichtsträchtigen Bau als Hotel- und Restaurantbetrieb. Sein Großvater Hans Unbehauen, Maurermeister aus Colmberg mit kleinem Baugeschäft, hatte schon häufiger Aufträge für den damaligen Besitzer Dr. Dr. h. c. Ernst Arthur Voretzsch übernommen. Er kannte die Burg und ihren Herrn also schon recht genau. Voretzsch, deutscher Konsul in Hongkong, Shanghai und Hangkau sowie letzter kaiserlicher Botschafter in Tokio, hatte in der Burg große Teile seiner ostasiatischen Sammlung untergebracht, die heute noch die Ausstattung der Räumlichkeiten auf ihre eigentümliche Art bereichern.

Nachdem die Voretzschen Nachkommen das Erbe nicht antreten konnten, erging die Bitte, dies zu übernehmen, an Hans Unbehauen. Ein ortsansässiger Maurermeister mit dem nötigen Sachverstand schien den Besitzern der rechte Mann für diese Aufgabe zu sein. Freilich zögerte man vor dieser mächtigen Herausforderung – der Unterhalt einer Burg ist schließlich kein Pappenstiel. Doch letztendlich ließ man sich auf das Abenteuer ein, und mit seiner Frau als ausgezeichneter Finanzberaterin an seiner Seite gelang es Hans Unbehauen, die ehemalige Festung zu erhalten und Stück für Stück der heutigen Nutzungsweise zuzuführen. Sein Sohn Otto und dessen Frau setzten das begonnene Werk fort, bauten das Hotel mit Restaurantbetrieb ab 1980 mit vollem Einsatz und Leidenschaft auf und machten es erfolgreich. Christian Unbehauen stieg 2009 offiziell in das Geschäft der Eltern mit ein. Für ihn ist es heute ein großes Anliegen und eine Lebensaufgabe, diesen besonderen Ort zu erhalten.

Der gelernte Koch, Betriebswirt und Hotelmeister ist auf der Burg aufgewachsen (was, wie er sagt, „weniger cool ist, als man sich das als Kind vielleicht vorstellt") und kennt sein Heim ganz genau. So weiß er zu jedem Einzelstück eine Geschichte zu erzählen. Die imposanten und vielfältigen Tiertrophäen, darunter sogar Bären und Wisents, stammen beispielsweise aus dem angrenzenden

Wildpark, den der Großvater betrieben hatte. Heute streift dort nur noch Rot- und Damwild durch das Holz, was sich erfreulicherweise in der Speisekarte niederschlägt.

Die Ausmaße des Burginneren sind freilich enorm: Was Hans Unbehauen mit 30 Sitzplätzen und fünf Fremdenzimmern begann, ist mittlerweile zu vier individuellen Gasträumen mit Platz für je 45 bis 145 Personen und 26 Hotelzimmern angewachsen. Die ehemalige Festungsanlage ist mit Gastronomie und Hotel nun vollständig erschlossen. Viele Gäste kommen mittlerweile sogar aus Amerika oder Australien, um auf ihrer Europareise einmal auf einer richtigen Ritterburg zu nächtigen. Aber auch viele andere Besucher schätzen die Burg als einmaliges Ausflugsziel und nicht zuletzt als sehr lohnenswerten Bestandteil der Burgenstraße. Natürlich haben auch Brautpaare die romantische Kulisse mitsamt Bewirtung und Gemächern längst für sich entdeckt, zumal in der Burgkapelle aus dem 15. Jahrhundert Trauungen stattfinden können. Der Rosengarten tut ein Übriges.

Darüber hinaus finden immer wieder auch Veranstaltungen auf Colmberg statt. Familie Unbehauen lädt ein zum Ritteressen, zum besonderen Silvesterarrangement oder zur Mördersuche auf Darkwood Castle beim Krimidinner. Das alte Gemäuer bietet eine Vielzahl an Möglichkeiten. Die Küche reicht dazu feine fränkische Spezialitäten. Besonders beliebt ist zweifellos das zarte Wildbret aus eigener Herstellung. Den Durst löscht – wie es sich für eine richtige Raubritterburg gehört – der Schwarze Ritter: Das süffige Schwarzbier ist das Steckenpferd Christian Unbehauens und wird eigens für die Burg gebraut. Dabei schweben ihm schon neue Ideen für Bierprojekte im Kopf herum ... Angesichts dieser Ideenfülle und Kreativität blickt Burg Colmberg in eine mit Sicherheit günstige Zukunft.

Oben: Der ideale Ort für ein romantisches Dinner!

Burg Colmberg

An der Burgenstraße
91598 Colmberg

Telefon: 09803 / 91920

www.burg-colmberg.de

Öffnungszeiten:
Mittwoch–Montag
ab 07:00 Uhr
Warme Küche
11:30–14:00 Uhr
und 17:30–21:00 Uhr
Außerhalb der Küchenzeiten
Kaffee und Kuchen und
kleine Vesperkarte
Dienstag
Hotel/Café ab 15:00 Uhr
Restaurant ab 17:30 Uhr

40

Hotel Restaurant Eisenhut in Rothenburg ob der Tauber

Als 2006 das Hotel Eisenhut von Oskar Schlag, dem Gründer der Arvena Hotels, gekauft wurde, ging ein traditionsreiches Hotel nach 116 Jahren in Familienbesitz an eine neue Familie über. Geleitet von Sohn Jörg und Schwiegertochter Steffanie Schlag, wird das Haus behutsam restauriert, um den historischen Charme und das einzigartige Ambiente zu erhalten.

Das Hotel Eisenhut steht in der Herrngasse, die bereits im Mittelalter das Zentrum der Stadt Rothenburg ob der Tauber und Wohnsitz vieler vornehmer und einflussreicher Bürger war. In vier der ehemaligen Patrizierhäuser aus dem 16. Jahrhundert ist heute das traditionsreiche Hotel untergebracht. Angefangen hat alles, als 1890 Georg Andreas Eisenhut in der Herrengasse 3 eine kleine Weinstube eröffnete. Sein Schwiegersohn Johann Andreas Ploss machte aus dem Anwesen ein Hotel. Da auch er keinen männlichen Erben hatte, wurde 1924 die verantwortungsvolle Aufgabe, das Hotel weiterzuführen, abermals in die Hände eines Schwiegersohns, Georg Pirner, gelegt. Vor allem seine Frau Paula war es, die aus dem Eisenhut das gemacht hat, was er heute ist. Ihre Liebe für historische Möbelstücke floss in die Renovierung des Hauses mit ein und gab ihm sein geschmackvoll-elegantes Aussehen. Auf ihren vielen Reisen kaufte sie allerlei Einrichtungsgegenstände, die anschließend in großen Möbellieferungen in Rothenburg eintrafen.

Durch die beeindruckende Eingangshalle mit einer Steinsäule in der Mitte, mit der hohen, dunklen Holzdecke und der mächtigen Holztreppe hinauf ins Obergeschoss gelangt man zu einem kleinen Vorraum und weiter zur Bar. Niedrige Tische mit blumengemusterten Sesseln laden vor dem Kamin oder neben dem Piano zum Verweilen ein. Bemerkenswert ist die Sitzecke im hinteren Bereich des langgezogenen Raumes: Eine große, gerahmte Collage zeigt eine Auswahl an Portraits, Karikaturen und Stadtansichten, die über die vergangenen Jahrzehnte hinweg gesammelt wurden. Häufig ließen Künstler, die im Eisenhut zu Gast waren, Bilder als Geschenk zurück. In derselben Ecke steht auch ein Holztisch, unter dessen Glasplatte Autogramme von prominenten Gästen zu bewundern sind. Schon immer galt das Hotel Eisenhut als erstes Haus am Platz, und so ist es nicht verwunderlich, dass sich im Lauf der Zeit eine stattliche Reihe von namhaften Persönlichkeiten hier einquartiert hat, so etwa Erich Kästner, Mario Adorf, Herbert Grönemeyer, Königin Silvia von Schweden, Franz Josef Strauß, Otto Waalkes, Winston Churchill und viele mehr.

Neben der Bar befindet sich das À-la-carte-Restaurant. Durch die großen offenen Holztüren und -fenster ist der Raum offen einsehbar und unterstreicht das großzügige Ambiente der Räumlichkei-

Links: Das Hotel Eisenhut ist in mehreren Patrizierhäusern aus dem 16. Jahrhundert untergebracht.
Oben: Die Eingangshalle

ten. Das große Wandbild mit einer Szenerie des „Meistertrunks" vom Maler Anton Hoffmann von 1896 lenkt die Blicke der Eintretenden auf sich. Es zeigt, wie Bürgermeister Georg Nusch gerade dazu ansetzt, den Krug mit dreieinviertel Litern Frankenwein in einem Zuge zu leeren. Durch diese Tat rettete er der Legende nach Rothenburg vor der Zerstörung durch die Truppen von Generalissimus T'Serclaes von Tilly.

Jeder Tisch des Gourmetrestaurants wird elegant eingedeckt, wodurch das edle Gepränge des imposanten Raumes perfekt abgerundet wird. Hier werden regionale und internationale Speisen serviert. Das Augenmerk liegt dabei ganz klar auf der Saisonalität der einzelnen Gerichte. In regelmäßigen Abständen wechselt daher die Speisekarte. Im Sommer kann man sich beispielsweise pochiertes Wallerfilet mit Meerrettichsauce, glasiertem Wurzelgemüse und Petersilienkartoffeln oder rosa gebratenes Lammkarree auf gebratenem mediterranen Gemüse und Mandel-Rosmarin-Polenta gönnen. Zusätzlich wird die Karte „Genießen ob der Tauber", wahlweise mit Weinbegleitung, angeboten. Die hier aufgeführten Speisen werden aus-

Oben: Das Gourmetrestaurant.
Links: Eine der kostbaren geschnitzten Renaissancetüren

schließlich mit saisonalen Produkten aus der unmittelbaren Umgebung zubereitet. Das Hotel Eisenhut gründete im Dezember 2015 zusammen mit neun anderen Betrieben diese Initiative.

Bar und Gourmetrestaurant bieten einen Zugang zum modernen Wintergarten. Mit seiner schlichten, klaren Erscheinung liefert er einen passenden Kontrast zu den übrigen Räumlichkeiten. Vom hier aus gelangt man zur wunderschönen Panoramaterrasse, von wo aus man einen einzigartigen Blick über das Taubertal und auf ein Stück der Altstadt genießt. Trotz der zentralen Lage ist es hier ruhig und man fühlt sich fernab der vielen Touristen.

Von den weiteren Räumen verdient der Frühstücksraum für die Übernachtungsgäste besondere Erwähnung. Ursprünglich ein kleiner Innenhof, heute überdacht, werden die Wände über zwei Stockwerke von den ehemaligen Außenfassaden der nebeneinander stehenden Häuser gebildet, mit Butzenglasfenstern und Fensterläden.

Im Hotel Eisenhut ist man stolz auf Tradition und zufriedene Gäste – ob prominent oder nicht, ob international oder einheimisch – und freut sich besonders über den regen Zuspruch der jüngeren Generationen etwa bei Hochzeiten und Familienfeiern.

Geschenke zufriedener Künstler-Gäste: Collage mit Porträts und Zeichnungen

Hotel Restaurant Eisenhut

Herrngasse 3-5/7
91541 Rothenburg ob der Tauber

Telefon: 09861 / 7050

www.eisenhut.com

Öffnungszeiten:
Täglich
12:00–14:30 Uhr
und 18:30–21:30 Uhr

Der Meistertrunk

Im Jahr 1631, während des Dreißigjährigen Krieges (1618–1648), belagerte der katholische Generalissimus T'Serclaes von Tilly mit 60 000 Mann die protestantische Stadt Rothenburg ob der Tauber. Nach drei Tagen des Kämpfens brach schließlich am 30. Oktober der Widerstand der Freien Reichsstadt. Plünderungen waren die Folge. Im Kaisersaal des Rathauses beriet sich Tilly mit seinen Generälen, wie mit der Stadt und deren Bürgern zu verfahren sei. Am Ende verurteilten sie den Bürgermeister Georg Nusch und seine Ratsmänner zum Tode. Durch einen merkwürdigen Handel konnte das Schlimmste jedoch abgewendet werden: Um Tilly milde zu stimmen, überreichte man ihm einen Willkommenstrunk mit 3 ¼ Litern Frankenwein. Der Heeresführer versprach daraufhin, dass, wenn jemand diesen Humpen in einem Zuge austrinken könne, er die Stadt verschonen werde. Bürgermeister Nusch nahm sich dieser Aufgabe beherzt an – und bewältigte sie! So lautet zumindest die Legende.
Der Rothenburger Dichter und Glasmeister Adam Hörber (1827–1905) verfasste auf der Grundlage dieser Erzählung ein Theaterstück, das seit 1881 jährlich im Kaisersaal aufgeführt wird. Aber der Kreativität der Rothenburger erschien eine schlichte Theateraufführung zum Gedenken an die legendäre Rettung der Stadt nicht ausreichend, und so gibt es jährlich am Pfingstwochenende ein großes historisches Festspiel in der Altstadt. Ganz Rothenburg versetzt sich an diesem verlängerten Wochenende zurück ins Jahr 1631. Zu sehen gibt es unter anderem einen historischen Handwerker- und Händlermarkt, das Lager der Truppen, mehrere Umzüge und natürlich das Festspiel im Kaisersaal. Die Vorbereitungen zu diesem Fest laufen das ganze Jahr. Über 700 Personen, in 25 Kleingruppen aufgeteilt, zählen zu den Mitgliedern des historischen Festspielvereins „Der Meistertrunk".

Oben: Der Meistertrunk, Gemälde von Anton Hoffmann (1896) im Restaurant Eisenhut

41

Flairhotel Reichsküchenmeister in Rothenburg ob der Tauber

Wie das Leben manchmal so spielt ... Was ursprünglich als berufliche Weiterbildung begann, endete in einer romantischen Liebesgeschichte, die schließlich zu einer idealen Symbiose zwischen beruflicher Leidenschaft und Privatleben führte: Auf der Hotelfachschule lernten sich Corinna Niedner und der gelernte Koch Christoph Rother nicht nur kennen, sondern auch lieben. Als Christoph 2006 in den Familienbetrieb von Corinnas Eltern einstieg, war die fünfte Generation, die das Restaurant und Hotel Reichsküchenmeister, das einstige Toppler-Café, in Rothenburg ob der Tauber weiterführen sollte, komplett. Ganz nach dem Motto der Stadt – „Vergangenes bewahren und neu erleben" – führen die beiden das voller Erinnerungen steckende Haus weiter und schreiben dabei auch ihre ganz eigene Geschichte. Eine Tradition bleibt aber nach wie vor erhalten: Hier stehen die Männer in der Küche, während sich die Frauen um das Wohl der Gäste kümmern.

Dabei war das Haus am Kirchplatz 8 nicht immer ein Café oder Restaurant. Um 1200 ließ Familie von Brodsorg das Gebäude als herrschaftliches Patrizierhaus errichten. Im 16. Jahrhundert wohnten

Das großzügige Treppenhaus mit filigran geschmiedetem Geländer

hier zwei bedeutende Persönlichkeiten: um 1540 der spätere Kaiser Ferdinand I. und 1546 Kaiser Karl V. Die heutige Familientradition begann 1919, als der Konditormeister Ernst Attmannspacher das als Café genutzte Objekt kaufte.

Im Laufe der vergangenen Jahrzehnte musste das Haus neben der St. Jakobskirche viel durchmachen: Wie große Teile der Stadt, litt auch der Reichsküchenmeister, damals noch Toppler-Café, unter den amerikanischen Luftangriffen im Zweiten Weltkrieg und wurde 1945 zerstört. Mühsam wurde das Haus wieder errichtet und als Restaurant eröffnet. Beim Wiederaufbau wurde schlichtweg alles verwendet, was man fand und gebrauchen konnte. Auch einer der Deckenbalken der Eingangshalle des Hotelbereichs stammt ursprünglich aus einem anderen Gebäude – er lag in einem Trümmerhaufen neben dem Rathaus. Drei Jahre nach der Wiedereröffnung, 1948, wurden die oberen Stockwerke zu Hotelzimmern umgebaut; der Reichsküchenmeister erhielt sein heutiges Gesicht.

Das helle, offene Restaurant mit seinen behaglichen Sitznischen bildet den Ausgangspunkt zu allen weiteren, in unterschiedlichen Stilen eingerichteten Räumlichkeiten, so zum Beispiel zur kleinen Korkenzieherstube. Mit ihrer filigranen Stuckdecke und der Dekoration aus zahlreichen alten Korkenziehern ist sie der ideale Raum für separate Familienfeiern. Dass die Besitzer des Reichsküchenmeisters gerne und leidenschaftlich sammeln und gesammelt haben, wird schon beim Betreten des Restaurants deutlich. Denn ganz groß werden Kinderaugen – und auch die von so manchen junggebliebenen Erwachsenen –, wenn sie die Sammlung der vielen Zinnsoldatenfiguren entdecken. Sie stehen, liebevoll in Szene gesetzt, in beleuchteten Schaukästen unmittelbar neben dem Restauranteingang und sind Erbstücke von Corinnas Großvater. Da es niemand übers Herz brachte, sie zu verkaufen oder gar auf dem Dachboden verstauben zu lassen, schmücken sie nun das Restaurant und begrüßen die eintretenden Gäste.

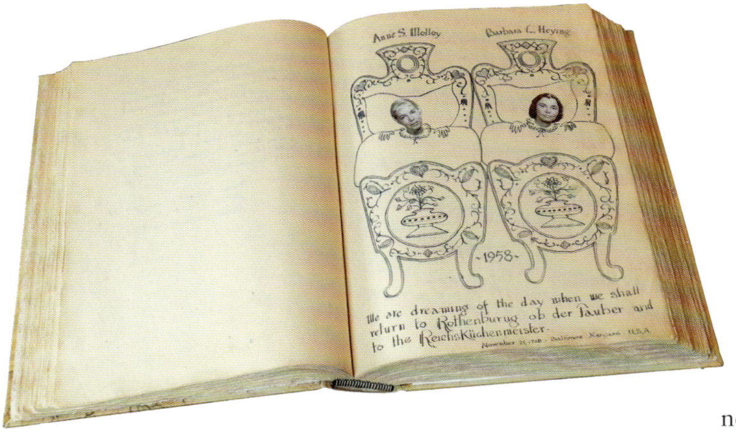

Im Gästebuch finden sich viele originelle Einträge

„Alter Wein und junge Weiber sind die besten Zeitvertreiber.“ – diese und noch andere Weisheiten sind auf dem reich verzierten, grünen Kachelofen, gefertigt 1946, in der Lupoldstube zu finden. Benannt ist sie nach Lupold von Nordenberg, der im 13. Jahrhundert das Dominikanerinnenkloster in Rothenburg ob der Tauber stiftete, in dem heute das Reichsstadtmuseum untergebracht ist. Lupold hatte von seinem Vater das Amt des Reichsküchenmeisters geerbt, in welchem er für den Bereich der freien Reichsstadt Rothenburg im Rang eines Reichsvogts die Rechtssprechung und Verwaltung leitete.

Vom Restaurantbereich aus gelangt man zur großen, sonnigen Terrasse direkt gegenüber der St. Jakobskirche. Erhöht gelegen und von einer halbhohen Mauer umgeben, verzaubert sie durch ihre Ruhe – ein idealer Platz, um dem Alltagsstress zu entkommen.

Wer es noch ein wenig uriger und fränkischer mag, der sollte die Weinstube „Löchle“ aufsuchen. Die Wirtin erinnert sich noch, dass in ihrer Kindheit hier die einstige Waschküche untergebracht war. Doch seit gut 30 Jahren dominieren nicht mehr dreckige Wäschestücke und Arbeit die Räumlichkeiten, sondern illustre Geselligkeit und ausgelassene Abende. Neben fränkischen Weinen und Bier werden hier auch alle Gerichte von der regulären Karte serviert. Apropos: Die Speisekarte des Reichsküchenmeisters bietet eine Vielfalt an klassischen, bayrisch-fränkischen, internationalen und saisonalen Gerichten und bezeugt dabei gleichzeitig die Nähe zum Schwabenland. So bereitet Koch Christoph neben Schnitzel, Schäufele und fränkischen Bratwürsten auch Flammkuchen, Rumpsteak oder Maultaschensuppe zu.

Besonders stolz ist man im Reichsküchenmeister auf das dicke Gästebuch. Wie in einem Fotoalbum blättert man durch die Einträge vieler zufriedener Besucher und freut sich über die schönen Zeichnungen und Geschichten. Amüsant ist beispielsweise das Babyfoto eines Amerikaners aus den 1970er-Jahren: Er ließ es sich nicht nehmen, Rothenburg noch einmal als Erwachsener anzuschauen, natürlich dem Reichsküchenmeister einen Besuch abzustatten und seine Grüße in dem Gästebuch zu verewigen.

Flairhotel Reichsküchenmeister

Kirchplatz 8
91541 Rothenburg ob der Tauber

Telefon: 09861 / 9700

www.flairhotel-rothenburg.de

Öffnungszeiten:
Restaurant/Biergarten
Montag–Sonntag
11:30–23:00 Uhr
Weinstube Löchle
Dienstag–Freitag
ab 18:00 Uhr
Ruhetage:
Samstag–Montag

Gasthof Goldener Greifen in Rothenburg ob der Tauber

Wer schon einmal die oberhalb der Tauber am Rande der Frankenhöhe gelegene ehemalige Reichsstadt Rothenburg mit der märchenhaften mittelalterlichen Altstadt besucht hat, dem ist gewiss eines aufgefallen: Zwischen all den pittoresken Fassaden, rührigen Spielzeugläden und glitzernden Käthe-Wohlfahrt-Geschäften taucht immer wieder ein bestimmter Name auf: Heinrich Toppler. Hier das Toppler Theater, dort die Toppler Apotheke, hin und wieder ein Standbild oder eine Gedenktafel – und ein Topplerschlösschen gibt es auch. Wer war der vielgeehrte Herr, der in der weltbekannten Touristenattraktion Rothenburg solch umfassende Präsenz genießt?

Dem lässt sich am besten im Gasthof goldener Greifen in der Oberen Schmiedgasse, direkt unterhalb des Marktplatzes, nachspüren. Heinrich Toppler war von 1373–1408 erster Bürgermeister der Stadt, und dies ist sein Geburtshaus. Langfristige Bekanntheit und Bedeutung erlangte er durch teilweise waghalsige, aber durchaus erfolgreiche politische und finanzielle Maßnahmen. Während seiner Amtszeit vergrößerte er die zur Stadt gehörigen Ländereien, indem er die Güter des verarmten Landadels (an dessen Bankrott er nicht selten auch beteiligt war) aufkaufte. Die Wirtschaft florierte, indem

Ein Wandgemälde in seinem Geburtshaus erinnert an Heinrich Toppler, den einst so hochbeliebten Bürgermeister Rothenburgs 1373–1408

er gezielt für die Wiederansiedelung jüdischer Unternehmer als Kreditgeber sorgte, die mit ihren beachtlichen Steuerzahlungen den Stadtsäckel füllten. Die Befestigung und Wehrhaftigkeit Rothenburgs ließ er umfassend ausbauen, was sich später, im Kriegsjahr 1407, als äußerst nützlich erweisen sollte.

Um das Jahr 1340 wurde der später bedeutendste Bürgermeister der Stadt als Sohn einer wohlhabenden Kaufmannsfamilie in dem Gasthaus mit dem Namen „Güldener Greifen“, das ihm später auch als Wohnhaus dienen sollte, geboren. Der Aufstieg in die soziale Oberschicht war der Familie aus bäuerlichem Milieu wohl erst einige Jahre zuvor gelungen, doch vermutlich war das Anwesen zu dieser Zeit schon im Besitz der Familie. Etwas weniger prunkvoll als die benachbarten Patrizierresidenzen am Marktplatz, ist die grüne Fassade mit dem geschweiften Giebel, dem großen Eingangsportal und dem goldenen Greifen-Ausleger nichtsdestotrotz ein Blickfang.

Zur Zeit Topplers wurde beinahe das gesamte Erdgeschoss von der Tenne eingenommen. Fuhrwerke konnten durch das Tor an der Vorderseite hinein- und geradewegs auf der anderen Seite in den Hof hinausfahren. Heute befindet sich hier die Diele, in der bis zu 30 Gäste Platz nehmen können. Ein Wandgemälde zeigt Toppler und einige Rothenburger Bürger nach dem sonntäglichen Kirchgang mit der Erläuterung, dass sich um den Bürgermeister ob seiner großen Beliebtheit immer ein Grüppchen Männer und Frauen scharte. Rechts der Diele ist in der überschaubaren Gaststube Platz für etwa 35 Gäste. Die bodenständige Einrichtung und die Staffage mit Tongeschirr, das bei näherem Hinsehen witzige, teils zotige Sprüche preisgibt, verleihen ihr den typischen Wirtshauscharakter.

Geselligkeit und diplomatische Beziehungen pflegte Toppler im hinteren Teil des Gebäudes, in der zum Hof mit Biergarten gewandten Toppler-Stube. Hier wurden Bündnisse geschlossen und Geschäfte abgewickelt. Die gewölbte Spunddecke und der eingemauerte Wandschrank erinnern noch an diese Zeit. Heute können hier rund 30 Gäste sitzen.

Rustikale Sitzecke im Lokal

Über die imposante Eichentreppe gelangt man in den ehemaligen Privatbereich des mächtigen Beamten, der heute den Hotelgästen gehört. Oben an der Treppe angekommen, findet man sich in der Prunkhalle Topplers wieder, die als Statussymbol bestimmt so manchem Besucher Ehrfurcht eingeflößt hat und auch heute noch bestaunenswert ist. Interessante Details gibt es zu entdecken, zum Beispiel die in Stein gehauenen Fratzen an den Konsolen der Deckenbalken. Die Tür gegenüber dem Treppenaufgang war vermutlich der Zugang zur hauseigenen Kapelle.

Nach Topplers Tod 1408 ging das schmucke Anwesen an seinen ältesten Sohn über, wurde jedoch schon drei Jahre später von der Familie, die nach Nürnberg verzog, mitsamt allem anderen Besitz verkauft. Topplers Freund und Nachbar Seitz Häuptlein wurde neuer Eigentümer. Ab 1492 ist die Besitzerfolge der Gastwirtschaft fast lückenlos dokumentiert. Viele Namen wechseln sich ab. Am 20. Juni 1861 erwarb Leonhard Klingler das geschichtsträchtige Haus zum Preis von 5060 Gulden. Seine Nachkommin, Ursula Milferstädt, führt den Hotel- und Restaurantbetrieb heute in sechster Generation und ist stolz darauf, die lange Familientradition in dieser Rothenburger Kultureinrichtung fortzusetzen, und vor allem auch darauf, dass der Goldene Greif immer noch eine gern besuchte Anlaufstelle für Einheimische ist. Freilich trifft man hier oft auf Gäste aus Übersee oder Asien, die Quartier in der zentral gelegenen Herberge nehmen. Für die zahlreichen Besucher aus aller Welt steht die Speisekarte auf Japanisch, Französisch, Spanisch, Italienisch und Russisch bereit. Doch auch die Rothenburger lassen es sich nicht nehmen, für ihre Stammtische oder den sonntäglichen Festschmaus in ihrem Topplerhaus einzukehren.

Die Küche bietet gutbürgerliche, traditionell fränkische Speisen. Allem voran ist das klassische Schäufele mit Rotkraut und Kartoffelknödel ein Liebling der Gäste, der nie aus der Mode gerät. Maultaschen und Schwäbischer Rostbraten verdeutlichen die Nähe zum baden-württembergischen Schwabenländle aus kulinarischer Warte. Brotzeiten wie a Räedle Woscht mit Kimmerle und Brod, Schinkennudeln mit Salat, Strammer Max oder Kartoffelpuffer mit Apfelmus sind für eine kleine

Eingemauerter Wandschrank aus der Zeit Topplers

Mahlzeit zwischendurch genau richtig. Und so gestärkt kann es sogleich weitergehen zur nächsten Sehenswürdigkeit – schließlich ist von hier aus alles zum Greifen nah.

Doch wie geht eigentlich die Geschichte unseres Bürgermeisters weiter? Bei all dem diplomatischen Geschick und politischen Sachverstand, gepaart mit gewiefter Schläue, kam es durchaus vor, dass Toppler mit seinen Aktionen so manchem Herrscher gegenüber recht anmaßend auftrat. Beispielsweise lieferte er sich 1405 eher aus privater Feindschaft als aus politischem Interesse einen langwierigen Rechtsstreit mit dem Burggrafen von Nürnberg, was auch am Hofe König Ruprechts zu wachsendem Unmut gegen die mächtige Stadt Rothenburg führte. Darüber hinaus agierte Toppler wohl des Öfteren hinter dem Rücken und ohne Zustimmung des Rates, was freilich den Ratsmitgliedern sauer aufstieß und Rothenburg in erhebliche Schwierigkeiten brachte.

Dies führte schließlich dazu, dass die Stadt 1407 beinahe den gesamten süddeutschen Adel und die Nachbarstädte gegen sich aufgebracht hatte. Mehr als 10 000 Ritter, Söldner und Gehilfen zogen aus, um Krieg gegen Rothenburg zu führen. Die Burgen und das umliegende Land konnten erobert werden, die Stadt selbst jedoch war dank der umfassenden Befestigungsanlagen und der immensen Vorräte in den Lagern nicht einzunehmen. Aus finanziellen Gründen musste die Belagerung schließlich abgebrochen werden.

Um das Königshaus wieder milde zu stimmen und um glimpflich aus den kriegerischen Verstrickungen herauszukommen, blieb den Rothenburgern nur eins: Der „Verräter“ Toppler musste weg. Am 6. April 1408 wurde er während einer Ratssitzung überwältigt und in den Stadtkerker geworfen. Die Anklage gegen ihn lautete auf Diebstahl an der Stadt sowie Gewalt- und Willkürakte während seiner Herrschaft. Zu einer offiziellen Gerichtsverhandlung kam es jedoch nicht. Der Beschuldigte starb etwa zwei Monate nach seiner Verhaftung. Ob er enthauptet worden war oder ob man ihn einfach im Verlies verdursten ließ, ist nicht genau geklärt. Die entsprechenden Seiten aus dem Jahr 1408 in den ansonsten peinlich genau geführten Stadtbüchern fehlen bis heute.

Gasthof Goldener Greifen

Obere Schmiedgasse 5
91541 Rothenburg ob der Tauber

Telefon: 09861 / 2281

www.gasthof-greifen-rothenburg.de

Öffnungszeiten:
Täglich 11:30–21:00 Uhr
(oder etwas länger)
Durchgehend warme Küche
Geschlossen
22. Dezember–20. Januar

43

Restaurant Bauhof in Cadolzburg

Im mittelfränkischen Landkreis Fürth liegt der Markt Cadolzburg. Schon der Name des kleinen Ortes weist auf das Aushängeschild hin: die Hohenzollernburg. Deren älteste erhaltene Steinbauten gehen auf das 13. Jahrhundert zurück, als die hohenzollerschen Burggrafen zu Nürnberg die Cadolzburg zu ihrer Residenz machten. Im 14. und 15 Jahrhundert wurde die Burg zum Machtzentrum der Hohenzollern in Franken und – nach zahlreichen Ausbauten in den folgenden Jahrhunderten – zu einer der mächtigsten Burganlagen Bayerns. Direkt am Fuße dieses geschichtsträchtigen Herrschaftssitzes liegt der sogenannte Bauhof mit dem gleichnamigen Restaurant. Ursprünglich war der Bauhof ein zur Burgherrschaft gehörender Fronhof. Er wurde von Fronbauern und Knechten bewirtschaftet, die die Hälfte ihres Ertrags (Halbbau) an den Burggrafen abgeben mussten. Daher stammt die Bezeichnung Halbbauhof, später Bauhof. Der mittelalterliche Bauhof unterhalb der Burg war der Kern der ersten Siedlung im Tal. Als die Cadolzburg später nicht mehr als fürstliche Residenz diente, ging der Bauhof ins Eigentum der bäuerlichen Besitzer über. Schon seit 1673 befindet er sich im Besitz der Familie Hacker, die heute als Familie Herz in zwölfter Generation am Hof lebt. Johann Friedrich „Fritz" Herz wohnt

Ein Kachelofen versorgt beide Gaststuben mit Wärme

in einem Neubau hinter dem Wirtshaus und hat dieses an die gebürtige Fürtherin Kristina Fulde verpachtet. Sie sorgt gemeinsam mit ihrem Freund Martin Künkel und einem jungen Team dafür, dass die traditionelle fränkische Küche im Bauhof einen modernen, kreativen Touch erhält. Das Verhältnis zwischen Eigentümer und Pächterin ist bestens, und so trifft man bei einem Besuch des Bauhofs zuweilen auf Fritz Herz, wie er sich an seinem Lieblingsplatz in der Wirtschaft gemeinsam mit den Cadolzburgern ein Feierabendbier genehmigt. Vor 100 Jahren hätte er das Bier dafür vermutlich sogar noch selbst gebraut.

Von jeher betrieben Herz' Vorfahren Landwirtschaft, und über viele Generationen waren die Bauhöfer auch Bierbrauer und Gastwirte. Das Hackerbräu war in der Region ein gerne getrunkenes Bier. 1924 verkaufte Herz' Urgroßvater den Brauereibetrieb schließlich an Bergbräu Fürth. Der Hof veränderte sein Gesicht im Laufe der Jahrhunderte immer wieder, die historische Substanz blieb jedoch lange Zeit weitgehend erhalten. So verfügt das Haus heute in der Osthälfte des Obergeschosses und im Ostgiebel über Sichtfachwerk; der Rest wurde zu Zeiten finanziellen Wohlstands massiv gemauert. Seit Anfang der 1990er-Jahre wurden alle Gebäude des Bauhofs denkmalgerecht saniert und teilweise umgebaut. 1992 musste das gesamte noch vorhandene Holz des Fachwerks am Wirtshaus, bis auf wenige intakte Balken, ausgetauscht werden.

Der Großteil der heutigen Inneneinrichtung der Wirtschaft stammt aus der Zeit nach dem Zweiten Weltkrieg, denn leider machten dessen Schrecken auch vor dem Bauhof nicht Halt: Eine Brandbombe zerstörte, was zuvor über Jahrhunderte bewahrt wurde. Nur ein großer Deckenbalken in der Gaststube überstand die Feuersbrunst fast unbeschadet und trägt noch immer die Last des Hauses. Die Gaststube gliedert sich in zwei Räume, wobei der kleinere Raum nur Platz für einen Tisch bietet. Insgesamt können hier bis zu 60 hungrige und durstige Gäste verköstigt werden. Die

dreiviertel hohen Vertäfelungen, die umlaufenden Sitzbänke, das Parkett und die Möblierung bestehen in beiden Räumen aus massivem Holz, genauso wie die Theke im größeren Zimmer. Der grüne Kachelofen, der bei garstigem Wetter für wohlige Wärme in der Stube sorgt, stammt ebenfalls aus der Zeit nach dem Krieg. Er wird geziert vom Wappen der Familie Hacker.

Ein echter Blickfang sind die beiden schmiedeeisernen Lampen. Im kleinen Raum zeigen die handgemalten Bilder am Leuchter Alltagsszenen aus dem Leben in Cadolzburg, und die eingravierten Zahlen sind Lebensdaten von Herz' Vorfahren. Am Leuchter im Hauptraum repräsentieren schmiedeeiserne Figuren traditionelle Cadolzburger Berufe: Viehzucht, Landwirtschaft, Obstbau und Pferdezucht. Außerdem zeigt eine Figur den letzten Cadolzburger Nachtwächter, der es gerade mit dem Burggeist aufnimmt. Als Krönung sind in das eiserne Band über den Figuren die Silhouette von Cadolzburg und die jeweiligen Zunftzeichen eingearbeitet. Geschaffen wurden diese kleinen Kunstwerke vom seinerzeitigen Cadolzer Kunstschmied Rupp, der hier seine Fähigkeiten als Künstler unter Beweis stellen konnte. Eine kleinere, einzeln hängende Lampe veranschaulicht nach Aussage von Fritz Herz den letzten Cadolzer Oberamtsrichter, der auf einem Fass thront.

Persönliche Geschichten zu einzelnen Dekorationsstücken weiß Fritz Herz sehr humorvoll zu berichten, so etwa zu den Gesichtern in den Butzenscheiben der Wirtschaft. Nach den Erzählungen der Großmutter suchte einst ein vorbeiziehender Maler nach dem Krieg einen Platz zum Bleiben. Als sich bald herausstellte, dass Künstlerhände nicht für die Feldarbeit geeignet waren, revanchierte sich der Künstler für Kost und Logis, indem er die heute noch in wunderbaren Farben erstrahlenden Charakterköpfe in die Scheiben des Wirtshauses einarbeitete.

Links: Die kleine Stube. Rechts: Ofenkachel mit dem Wappen der Besitzerfamilie Hacker und Sinnspruch: TUH NIT MIT UNBEDACHT

Die 1906 errichtete Scheune des Hofes wurde 1997 zu einem prachtvollen Saal für Veranstaltungen, Hochzeiten oder andere Ereignisse ausgebaut. Als klar war, dass hier für moderne Traktoren zu wenig Platz sein würde, entschied sich die Familie Herz zu einer Umnutzung und modernisierte den Eingangsbereich mit Glasflügeltüren, wobei das originale Scheunentor dekorativ offen in seinen Angeln verblieb und einen schönen Kontrast dazu bildet.

Auf der anderen Seite des Bauhofs befindet sich das Rote Haus. Das Austragshaus diente den Altbauern ursprünglich nach der Übergabe des Hofes an die Erben als Alterssitz und stand, für den perfekten Rundumblick der Senioren, möglichst mittig auf dem Gehöft. Nachdem das heute rot gestrichene Fachwerkhaus diesen Zweck verloren hatte, wurde es mal als Brennerei, mal als Wäscherei genutzt. Heute lassen Mutter und Tochter Herz in ihrem Laden „Das rote Haus" im Erdgeschoss dekorative Dinge für drinnen und draußen entstehen, während sich im Obergeschoss Verleger Norbert Treuheit und sein Team des ars vivendi-Verlags der Lebenskunst verschrieben haben und, passend zur idyllischen Umgebung, Regionalkrimis, Ausflugs- und Kulinarikführer, Kalender, originelle Geschenkartikel und vieles mehr kreieren und anbieten. Zwischen dem Roten Haus und der Gaststube liegt der Biergarten. Er wird von zahlreichen dekorativen Stücken aus der benachbarten Kreativwerkstatt geschmückt.

Wer die Chance bekommt, am runden Tisch des Hauses mit Fritz Herz anzustoßen, der sollte sich die Gelegenheit nicht entgehen lassen, den offenherzigen Hüter der Herz'schen Tradition nach weiteren Anekdoten zu fragen. Wie kam es wohl dazu, dass der Sohn des bereits erwähnten Schmieds die rund 100 Jahre alte Wanduhr des Gasthauses bemalte? Und was hat die Brandbombe des Zweiten Weltkriegs mit dem in Deutschland zu dieser Zeit obligatorischen Hitlerportrait gemacht? Im Bauhof erinnert man sich bei Karpfenfilet oder mit Blauschimmelkäse überbackenem Schweinefilet gerne an Geschichte und Geschichten.

Restaurant Bauhof

Bauhof 1
90556 Cadolzburg

Telefon: 09103 / 7909850

www.bauhof-restaurant.de

Öffnungszeiten:
Warme Küche
11:30–14:00 Uhr
und 17:30–21:00 Uhr
Ruhetage:
Montag, Dienstag

44

Gasthaus zur Stadt Bad Windsheim in Markt Erlbach

Wer das Gasthaus zur Stadt Bad Windsheim besuchen möchte, darf sich bei der Anreise nicht vom Namen irreführen lassen. Das Wirtshaus mit der Adresse Haaghof 2, Markt Erlbach, liegt etwa in der Mitte zwischen der Stadt Bad Windsheim und eben jenem Markt Erlbach. In just dieser ländlichen Idylle auf der Frankenhöhe, am Schußbachwald, stand der Haaghof bereits vor dem Dreißigjährigen Krieg, in welchem der Hof allerdings verödete. Im Jahr 1717 kauften die beiden Wildmeister Hans Meier, ein Vorfahre der heutigen Besitzer, und Hans Georg Wolf aus Schußbach das Anwesen und teilten den Hof. Gut 110 Jahre später, im Jahr 1826, erbaute Michael Schwarz, ein Nachfahre der Meiers, das heutige Wirtshaus. Johann Schuh, ein Urenkel des Erbauers, erweiterte es 1906,

bevor Georg und Lina Schuh das Gebäude 1953 renovierten und dabei das Fachwerk freilegten. Die Gaststube gestalteten sie damals weitgehend so, wie sie sich noch heute präsentiert. 1972 übernahmen Johann und Gerlinde Kamberger, eine geborene Schuh, das Haus und gaben es im April 2010 an ihren Sohn Andreas und seine Frau Katrin weiter. Seither führen die beiden gelernten Köche das Gasthaus zur Stadt Bad Windsheim und verwöhnen ihre Gäste mit traditionellen fränkischen, gutbürgerlichen Gerichten mit Produkten aus der Region.

Die fränkische Wirtsstube hat den Charme der 1950er-Jahre bewahrt

Kurz nachdem sie das Wirtshaus übernommen hatten, brachten die Kambergers das traditionsreiche Haus bei einer umfassenden Renovierung mit einer neuen Küche, neuen sanitären Anlagen und neuen Kühlräumen auf den aktuellen Stand der Technik. Zudem entstand ein Anbau für eine weitere, moderne Gaststube. Da die bisherige Stube, abgesehen von einer neuen Schanktheke, unangetastet blieb, verfügt das Gasthaus heute über eine neue und eine alte Stube.

Die Geschichte des Gasthauses zur Stadt Bad Windsheim ist eng verbunden mit dem Schußbachwald, der es umgibt. Von jeher war das Haus die zentrale Anlaufstelle für die Menschen, die im und mit dem Wald gearbeitet haben. Fotos belegen, dass mit Holz beladene Fuhrwerke bis weit in die 1950er-Jahre hinein am Gasthaus Rast machten und die Arbeiter sich hier stärkten. So ist es nicht weiter verwunderlich, dass die Dekoration der alten Gaststube fast immer einen direkten Bezug dazu aufweist. Ein geschnitztes Miniatur-Langholzfuhrwerk von gut einem Meter Länge steht auf einer an der Wand befestigten Ablage gegenüber der Theke. Es besteht aus zwei angespannten Rössern vor einem voll beladenen Anhänger, an dem seitlich Werkzeuge befestigt sind. Davor steht der Bauer mit der Peitsche in der Hand und schaut in den Gastraum. Die häufig in alten Gaststuben anzutreffenden ausgestopften Tiere hat Chefin Katrin Kamberger nach eigenen Angaben deutlich reduziert. Die verbliebenen vier – ein Dachs, ein Marder, ein Fuchs und ein Bussard – sitzen wohldosiert in verschiedenen Ecken des Raumes auf der Vertäfelung und äugen neugierig in die Stube. Diese ist auf den ersten Blick als traditionelle fränkische Wirtsstube zu erkennen: Holzdecke und Holzboden, eine holzverkleidete Theke, eine umlaufende Sitzbank und eine dreiviertelhohe Holzvertäfelung schaffen das typische Wohlfühlflair. Sowohl das Mobiliar als auch der Boden stammen aus der Zeit der Renovierung von 1953, wobei in der Familie Kamberger die Geschichte weitergegeben wird, dass damals die Bodendielen nur umgedreht und anschließend abgeschliffen wurden. Es ist also durchaus möglich, dass dieses Holz bereits deutlich älter ist. Aus den 1950er-Jahren stammt auch die dekorative Kuckucksuhr – die Betonung liegt hier tatsächlich auf dekorativ, weil sich in der Familie Kamberger niemand eine Wirtsstube ohne diese Uhr vorstellen kann, obwohl oder weil sie immer die falsche Zeit anzeigt. Ob die zu Lampen umgearbeiteten Ochsenjoche tatsächlich, wie mit bunten Farben aufgemalt, aus dem Jahr 1826 stammen, sei dahingestellt, aber Ochsenjoche als

Links: Ein Hoch auf die Heimat ziert die Wirtshaustür.
Unten: Richtfest beim Erweiterungsbau im Jahr 1906

Lampen wäre damals keinem Wirt eingefallen, sonders sie sind typisch für die Nostalgiezeit der 1970er- und 1980er-Jahre. Die ebenfalls aufgemalten Initialen M und S könnten für Michael Schwarz stehen, der in eben jenem Jahr das Wirtshaus erbaute. Ob sie original sind oder ob im Laufe der Zeit nur jemand auf diese Weise an den Erbauer erinnern wollte, bleibt ein Geheimnis.

Wer es a weng moderner und weniger rustikal mag, setzt sich am besten in die neue und größere Wirtsstube. Hier finden sich zwar mit dem Parkettboden und den zum Teil freiliegenden, tragenden Deckenbalken klassische Elemente; die großen Fensterfronten, eine Glasschiebetür zur Terrasse, weiße Wände ohne Dekoration und viele Pflanzen in den Fenstern sprechen dann aber doch eher die Bildsprache einer modernen, im Jahr 2011 entstandenen Gastwirtschaft. So kommen also sowohl Verfechter der traditionellen Gaststube als auch Freunde der Moderne auf ihre Kosten.

Und im Sommer zieht es eh die meisten Besucher in den Garten. Große Kastanien spenden Schatten, und die Lage des Haaghofs abseits des allgemeinen Trubels garantiert die Ruhe, nach der sich so mancher Städter, zumindest am Wochenende, sehnt. So ist es nicht verwunderlich, dass gerade Besucher des nahen Freilandmuseums oder der Frankentherme am Ende des Tages auf ein Bier, einen Aischgründer Spiegelkarpfen oder ein traditionelles Schäuferla bei Familie Kamberger und ihrem Wirtshaus zur Stadt Bad Windsheim vorbeischauen.

Ein kleiner Tipp zum Schluss: Zwar haben die Kambergers 2010 die Hausschlachtung eingestellt, die Wurstwaren stellt Vater Johann aber weiterhin selbst her. Und nach der monatlichen Schlachtung steht auch die traditionelle Schlachtschüssel auf der Karte.

Gasthaus zur Stadt Bad Windsheim

Haaghof 2
91459 Markt Erlbach

Telefon: 09846 / 232

www.gasthaus-haaghof.blogspot.de

Öffnungszeiten:
Mittwoch, Donnerstag
11:00–14:30 Uhr
und 17:30–21:00 Uhr
Freitag–Sonntag
11:00–21:00 Uhr
Ruhetage:
Montag, Dienstag

45

Flair Hotel zum Storchen in Bad Windsheim

Der Kurort Bad Windsheim im mittelfränkischen Landkreis Neustadt an der Aisch-Bad Windsheim zählt rund 12 000 Einwohner und kann dank seiner reichhaltigen, langen Geschichte sowie der hier gefundenen Heilwasserquellen sowohl auf den Gesundheits- als auch auf den Kulturtourismus bauen. Die einen kommen in die ehemalige Reichsstadt wegen der vielen traumhaft renovierten historischen Fachwerkbauten, Kirchen und Gassen oder besuchen das Fränkische Freilandmuseum, die anderen wollen sich selbst etwas Gutes tun und steigen im Kurpark vor den Toren der Stadt in eines der Thermal-Sole-Becken oder in den Salzsee. Ein ganzjährig beheizter See mit 26,9 Prozent Salzgehalt (zum Vergleich: Der des Toten Meeres liegt im Durchschnitt bei 28 Prozent) – das ist einzigartig in der Bundesrepublik und zieht Wellness- und Gesundheitsgäste aus ganz Deutschland und darüber hinaus an.

Wer nach Kulturtrip oder Thermalaufenthalt in der Bad Windsheimer Altstadt ein Gasthaus sucht, das allen Ansprüchen eines modernen Kurorts mit Geschichte gerecht wird, wird inmitten des Altstadtensembles fündig: Gegenüber dem sogenannten Schönen Brunnen am Weinmarkt betreibt Willi Götz mit seiner Familie in zehnter Generation das Wirtshaus zum Storchen. Der gebürtige Windsheimer macht keinen Hehl daraus, dass Franken seine Heimat ist. Viele Lehr- und Arbeitsjahre im Ausland sowie sehr gute Kenntnisse der eigenen Familiengeschichte haben aber dazu geführt, dass im Storchen Weltoffenheit und Tradition von jeher harmonisch verschmelzen. Die Götz sind nachweislich seit 1746 Eigentümer des 1296 erbauten Storchen. Dendrochonologische Untersuchungen der Universität Bamberg haben das Alter des Gebäudes bestätigt, und möglicherweise hat nur der verheerende Bad Windsheimer Stadtbrand von 1730 die Spuren einer längeren Familiengeschichte vernichtet. Das Feuer zerstörte einen Großteil der Stadt, das Rathaus inbegriffen, und somit auch das damalige Archiv. Der Storch selber blieb bei diesem Unglück unbeschädigt und kann somit auf eine über 700-jährige Geschichte zurückblicken.

Der Storch ist ein stattlicher zweigeschossiger Satteldachbau mit Fachwerkgiebel, dessen Fassade seit der letzten Außenrenovierung wieder in satten Farben über den Weinmarkt leuchtet. Das Gebäude ist nach Aussage von Willi Götz eines von nur 40 verbliebenen bürgerlichen Fachwerkhäusern in dieser Größe in Deutschland. Betreten wir den Storchen, stehen wir sogleich in der Gaststube. Gepolsterte Doppelbänke und eine umlaufende Sitzbank laden ein, es sich an einem der schweren Holztische, die mit der Stirnseite zu den großen Fenstern ausgerichtet sind, gemütlich zu machen. Gusseiserne Aufsätze auf den Mittelteilen der Doppelbänke sorgen für eine dezente optische Trennung der einzelnen Essbereiche. Auf der rechten Seite des langgezogenen Raumes erstreckt

sich die massive Schanktheke mit ihrer gewölbten Decke, die links und rechts auf zwei verzierten Säulen ruht. So schön das Stück mit der Weinrebendekoration allerdings auch anmutet, der Austausch der Theke steht ganz oben auf der Liste der zu erledigenden Arbeiten von Gastwirt Götz. Man kann aber davon ausgehen, dass er als Vertreter der zehnten Generation Götzscher Wirte das passende Nachfolgestück finden wird.

Nach hinten kann der Gastraum durch eine rund drei Meter breite, hölzerne Schiebetür unterteilt werden. 30 der insgesamt 80 Plätze lassen sich so für Feierlichkeiten im kleineren Rahmen abtrennen. Auffälligstes Ausstattungsstück ist die wunderbar verzierte hölzerne Wanduhr, die links neben der Schiebetür hängt. Sie ist ein Geschenk, das Götz' Urgroßmutter von ihren Eltern 1906 zur Hochzeit bekam. Ein gerahmtes Bild des glücklichen Paares an jenem Hochzeitstag sieht man direkt neben der Uhr, die seit damals an derselben Stelle hängt.

Zu jener Zeit wurde im Storchen noch Bier gebraut, nachdem die Brauerei 1836 zum Betrieb hinzugekommen war. Doch als Götz' Urgroßvater, ein Einzelkind, in den Ersten Weltkrieg eingezogen wurde, musste sie schließen. Aus der Brauerei wurde das Wohnhaus der Familie Götz, den großen Eiskeller nutzte sie geschäftlich weiter. Götz' Großvater, ein gebildeter Mann der 1920er-Jahre, machte den Storchen zum zentralen Zwischenlager für in Nürnberg gebrautes Bier. Es wurde mittels Pferdekutschen nach Bad Windsheim gebracht und in den besagten Eiskellern gelagert, bis

Gemütlichkeit einst und jetzt: Die Wanduhr links vom Durchgang hat alle Veränderungen überdauert

Filigranes Wirtshausidyll im Storchen

es in die Wirtshäuser der Umgebung ausgeliefert wurde. Erst als der LKW die Pferdekutsche in den 1960er-Jahren endgültig verdrängt hatte, endete diese Ära. Götz' Großvater, Friedrich Max Götz, hatte zwischenzeitlich ein anderes, grausames Schicksal ereilt: Er hatte sich im Dritten Reich geweigert, in die Partei einzutreten, und die jüdische Bevölkerung des Ortes weiter mit Lebensmitteln unterstützt. Als das bekannt wurde, folgte eine Verurteilung zu vier Jahren Sanitätsdienst an der Ostfront – eigentlich ein Todesurteil, das er, wenn auch als schwer gezeichneter Mann, überlebte. Noch heute kommen gelegentlich Zeitzeugen mit ihren Nachkommen in den Ort und in das Wirtshaus, um zu zeigen, wo sie damals gelebt haben, aber auch, um an den weltoffenen Gastwirt mit dem großen Herzen zu erinnern.

Seit 1998 ist Willy Götz Besitzer des Storchen und führt ihn, wie die Generationen vor ihm, als Familienbetrieb. Seine Eltern, die Schwester, seine Frau, Cousinen, eine Schwägerin – alle leisten ihren Beitrag dazu, dass das Flair Hotel zum Storchen einen so guten Ruf besitzt. Die regionale und nationale Küche mit fränkischem Akzent kommt fast ausschließlich mit Produkten aus der direkten Umgebung aus; Salate, Kräuter und frisches Gemüse stammen ebenso aus dem eigenen Garten wie auch das Obst aus eigenem Anbau kommt. Die Hausmetzgerei liefert die berühmten fränkischen Bratwürste, den Schinken und den Sauerbraten – traditionelle Gerichte, die der Gast im Sommer auf den Freisitzen am Weinmarkt genießen kann. Dort sitzt man übrigens unter dem neuen Wirtshausausleger, für den Götz' Vater einst eine „Luftraumbenutzungssteuer" zahlen sollte und sogar einen Gefängnisaufenthalt angedroht bekam. Wie es dazu kam, ob er gezahlt hat und wo man heute den originalen Storch aus dem Ausleger findet, das erfahren Sie bei einem Besuch sicherlich von einem der zahlreichen Mitglieder der Familie Götz.

Flair Hotel zum Storchen

Weinmarkt 6
91438 Bad Windsheim

Telefon: 09841 / 669890

www.zumstorchen.de

Öffnungszeiten:
Dienstag–Sonntag
11:00–14:00 Uhr
und 17:30–21:15 Uhr
Ruhetag: Montag

Wirtshaus am Freilandmuseum in Bad Windsheim

Am südlichen Rand der historischen Altstadt von Bad Windsheim präsentiert das Fränkische Freilandmuseum auf rund 45 Hektar das kulturelle Erbe des ländlichen Frankens, die Architektur und die alltägliche Lebenswelt vergangener Zeiten. Seit der Eröffnung 1982 sind über 100 Gebäude aus den verschiedenen fränkischen Regionen an ihren alten Standorten abgebaut und hier originalgetreu wiederaufgebaut worden. In einigen Häusern ist auch noch die Inneneinrichtung vollständig vorhanden, sodass die jährlich etwa 190 000 Besucher bei einem Rundgang fränkische Alltagsgeschichte aus rund 700 Jahren besichtigen können. Das erste Gebäude, das 1980 an seinem neuen Platz auf dem Museumsgelände wiedererrichtet wurde, war das Wirtshaus am Freilandmuseum.

Die bewegte Geschichte des Wirtshauses beginnt im Jahr 1705 im rund 50 Kilometer entfernten Oberampfrach als Gasthaus zur Krone. Es wurde vom vermögenden Bauern Hans Georg Krauß erbaut, der damit eine über 300-jährige Wirtshaustradition begründete. Der zweigeschossige Bau

Ecktisch im Obergeschoss mit Blick auf den Biergarten

mit dem reichen Fachwerkobergeschoss aus Eichen-, Fichten- und Tannenholz und einem mächtigen barocken Mansardwalmdach hat ein fast schon herrschaftliches Gepränge und ist heute das Eingangsgebäude des Freilandmuseums. Von der ursprünglich zum Haus gehörenden Brauerei ist leider nichts übrig. Im Erdgeschoss befanden sich im 18. Jahrhundert ausschließlich Stallungen, im ersten Stock die Gastwirtschaft mit Tanzsaal und im Dachgeschoss die Fremdenzimmer. Neben der Versorgung von Tier und Mensch wurde in der Krone außerdem Gericht gehalten. Erstmals urkundlich belegt ist dies aus dem Jahr 1708. Die Familie Krauß besaß das Haus, bis es 1885 von Johann Friedrich Ackermann gekauft wurde. Dieser verlegte die Gaststube ins Erdgeschoss, die Stallungen mussten weichen. Dafür ließ er im Stall Unterzüge und Säulen entfernen, was in den darauffolgenden Jahren zu erheblichen Problemen mit der Statik und damit zum langsamen Ende des Gasthauses führen sollte.

Als das Haus 1977 in Oberampfrach abgebaut wurde, war es bereits seit Jahren in baufälligem Zustand, einige der Wände mussten gestützt werden. Was für ein Prachthaus sich unter der bröckelnden Fassade versteckte, erkannte man erst im Zuge des Wiederaufbaus 1980 in Bad Windsheim. Im Museum wird das Erdgeschoss in der Form nach dem Umbau von 1885 gezeigt. Die südliche Fassade mit den fünf Rundbogentüren entspricht hingegen dem Original von 1705, West- und Nordseite gehen auf den Umbau zurück. Hinter den Rundbogentüren befindet sich der einstige Kuhstall, in dem längst keine Tiere mehr, sondern Menschen verköstigt werden. Der große ebenerdige Raum gehört heute nicht zum Tagesgeschäft, sondern wird eher für Gesellschaften und Feiern genutzt. Mächtige Holzstützen und tiefe Trägerbalken geben einen Eindruck davon, welches ungeheurere Gewicht auf dem Untergeschoss dieses Hauses ruht. Da sich die Türen nach außen zum

Hier speist man im sorgsam wiederhergestellten Ambiente des 18. Jahrhunderts

großen Biergarten hin öffnen lassen, bietet der Kuhstall, außerhalb der Stadt und ohne Nachbarn, einen perfekten Ort zum Feiern für jedes Wetter. Ein eigener Ausschank schafft die nötige Unabhängigkeit vom Restaurantbetrieb. Im Biergarten finden im Sommer bis zu 500 Menschen unter riesigen Kastanien Platz. Wie Anfang des 20. Jahrhunderts vielerorts gesehen, wird der Garten in Richtung Westen von einer alten Kegelbahn vor dem Wind geschützt. Leider ist diese heute nicht mehr bespielbar. Die 1864 erbaute Anlage besteht aus einer nur zwei Meter breiten, mehrere Meter langen Kegelbahn und dem dazugehörigen Kegelhaus. In Letzterem befinden sich der Ausschank und der Grill des Biergartens. Ursprünglich stand die Kegelbahn nur wenige hundert Meter vom jetzigen Standort entfernt in Bad Windsheim und wurde 1984 im Freilandmuseum wiederaufgebaut.

Das eigentliche Wirtshaus befindet sich im Obergeschoss des Hauses. Dieses wurde mit Tanzsaal und Wirtsstube im Originalzustand wiederhergestellt und dient seit 1980 seiner ursprünglichen Bestimmung. Einen Schock brachte jedoch der Dezember 2003, als bei einem verheerenden Brand im Gasthaus der Dachstuhl und große Teile des Obergeschosses samt Tanzsaal vernichtet wurden. Glücklicherweise entschied man sich damals zu einem erneuten Wiederaufbau, der Ende 2004 abgeschlossen wurde.

Seit September 2015 leitet Elke Woodard die Geschicke des Wirtshauses am Freilandmuseum. Die gelernte Systemgastronomin verfügt über 30 Jahre Berufserfahrung im Hotel- und Gaststättengewerbe und führte bereits zuvor einen Landgasthof. Mit im Team sind Lebensgefährte Kai Jelitto und ihr Bruder Peter Hess. Jelitto ist seit mehr als 30 Jahren als Koch und Küchenchef in der Gastronomie tätig, Hess kümmert sich um die Belange des Biergartens. Gemeinsam bieten sie den Gästen saisonale Gerichte, gekocht mit Produkten aus der Region. Für welches Angebot auf der übersichtlich gestalteten Karte man sich auch entscheidet, ob für eine deftige Brotzeit, ein Welsfilet oder

Der Ausleger erinnert an das Jahr der Eröffnung des Wirtshauses am Freilandmuseum

für etwas Veganes, gegessen wird jedenfalls im historischen Ambiente des 18. Jahrhunderts. Dafür stehen der ehemalige Tanzsaal mit 80 bis 100, die Hauptgaststube mit 40 oder das Nebenzimmer mit 26 Plätzen zur Verfügung.

Der wunderbar restaurierte Saal hat einen Holzboden, eine Holzdecke, offenes Fachwerk und große Fenster. Das schwere Holzmobiliar ist schlicht mit kleinen Tischdeckchen, Kerzen- und Besteckgläsern sowie Töpfen mit frischen Kräutern geschmückt und vermittelt so das Flair einer Bauernstube. Grundsätzlich wird bei der Dekoration in der gesamten Gastwirtschaft auf überflüssigen Schnickschnack verzichtet. „Ich schmücke mit all dem, was Wald, Wiese und Flur zur jeweiligen Jahreszeit hergeben“, erklärt Elke Woodard ihr Konzept. Einige wenige Bilder, wie der Originalentwurf zum Ölgemälde „Bauerntisch“ (1919) von Rudolf Schiestl oder eine Blei- und Farbstiftzeichnung mit dem Titel „Die Dorfpolitiker“, zieren die Wände. Eine umlaufende Sitzbank fehlt natürlich auch in dieser historischen Wirtsstube nicht. Größere Besuchergruppen sind in dem geräumigen Saal bestens aufgehoben.

Wer es beim Essen gerne ein wenig intimer mag, der setzt sich ins Nebenzimmer oder in die Hauptgaststube. Der Nebenraum zwischen den beiden größeren Gasträumen fasst drei Tische. Da sowohl der Saal als auch die Hauptgaststube separate Eingänge haben, bietet dieses eigentliche Durchgangszimmer auf Wunsch auch eine gewisse Abgeschiedenheit. Die Hauptgaststube ist, wie der Saal, ein Eckzimmer und wird dadurch von vielen Fenstern erhellt. Auch hier fallen das viele Holz und eine schlichte Dekoration positiv auf. Wo könnte man den Museumsbesuch angenehmer ausklingen lassen?

Wirtshaus am Freilandmuseum

Bernhard-Bickert-Weg 10
91438 Bad Windsheim

Telefon: 09841 / 5971

www.daswirtshausamfreilandmuseum.de

Öffnungszeiten:
Dienstag–Sonntag
11:00–21:00 Uhr
Mai–September:
Montag
11:00–18:00 Uhr
Oktober–April:
Ruhetag: Montag

Schwarzer Adler in Uffenheim

Etwa auf halber Strecke zwischen Nürnberg und Würzburg liegt, eingebettet in Felder und Wälder, die Stadt Uffenheim. Die fruchtbaren Lössböden in der Region brachten die Eiszeiten mit sich. Die paläontologische Sammlung und prähistorische Funde von der Stein- bis zur Eisenzeit im Gollachgau- und Heimatmuseum zeichnen ein frühgeschichtliches Porträt der Landschaft um die seit 1349 mit dem Stadtrecht ausgestattete Siedlung. Außerdem gibt das Museum einen Einblick in bürgerliche und bäuerliche Wohnkultur des 18. bis 20. Jahrhunderts, und Bibliophile erfreuen sich an einer wertvollen Bibelsammlung sowie handkolorierten Karten aus dem 17. und 18. Jahrhundert. Zu besichtigen ist die Ausstellung vom 1. Mai bis zum letzten Sonntag im Oktober, immer sonntags von 13:30–16:00 Uhr.

Zur stärkenden Einkehr davor oder danach empfiehlt sich der Schwarze Adler an der Ecke Adelhofer Straße / Würzburger Straße nahe dem Ortskern. Seit 1992 versorgt das Ehepaar Schellbach hier seine Gäste mit gutbürgerlicher, regional orientierter frischer Küche und herzlichem Service. Während Petra Schellbach stets in der Stube präsent ist, besorgt ihr Mann Peter mit viel Liebe und Sachverstand die Zubereitung der Leckerbissen in der Küche. Fränkische Bratwürste mit Sauerkraut gehören genauso dazu wie der Steigerwälder Spießbraten oder ein deftiges Rumpsteak. Kleine Brotzeiten und frische Salate

machen dem kleinen Hunger den Garaus, und je nach Saison spiegelt die Karte wider, was die Region zu bieten hat: Spargel, Pfifferlinge und Wild bestimmen den jahreszeitlichen Reigen, und in den Monaten mit R freuen sich alle auf den frischen Aischgründer Karpfen in verschiedenen Variationen. Besonderen Wert legt Peter Schellbach auf das traditionelle Sauerbratenrezept seiner Großmutter Sophie. Mehr dazu gibt eine Geschichte in der Speisekarte preis.

Die Schellbach Sophie war es auch, die den schmucken Gasthof in den 1950er-Jahren übernommen hatte. Zuvor bewirtschaftete die gestandene Köchin und Wirtin einen Gutshof in Emskirchen, etwa 40 km weiter östlich. Seit dieser Zeit hat das stattliche Anwesen mit Walmdach und Ecklisenen nichts an Charme eingebüßt. Schon von Weitem zieht der schmiedeeiserne Ausleger mit dem bekrönten Doppeladler die Blicke auf sich. Er ist mit dem Jahr 1701 bezeichnet. Das imposante Hausteinportal ist aufwendig mit Vasen und Wappenreliefs der Hohenzollern und der Brauerzunft bekrönt, den Schlussstein ziert eine in Stein gehauene Maske. Ursprünglich diente das Gebäude als markgräfliches Brauhaus und Sommerresidenz der zu den Hohenzollern gehörigen Markgrafen von Ansbach. Die weitläufigen Bierkeller darunter und das bis heute bestehende Braurecht geben Zeugnis davon.

In der Stube linker Hand des Eingangs sorgen Fischgrätparkett, umlaufende Bank und ordentlich gedeckte Tische für gepflegte Wirtshausatmosphäre. Ein Spezifikum ist die bunt bemalte Stuckdecke. Optisch unterteilt wird die Stube, in der es sich bis zu 40 Gäste gutgehen lassen können, durch ihre U-Form und unterschiedliche Wandgestaltung: Während der vordere Teil in Gelb gehalten ist, prägt den hinteren Teil eine vornehme weiße Täfelung mit himmelblauen Akzenten. Zur Ausstattung zählen vor allem die hübschen Gemälde mit Landschafts- und Stadtansichten eines regionalen Malers aus der ersten Hälfte des 20. Jahrhunderts. Auf einem fassförmigen Symphonion an der Wand hockt ein fröhlicher Gambrinus mit prostend erhobenem Arm. Über die Melodie, die der alte Lochplatten-Musikautomat spielt, gehen die Meinungen allerdings auseinander ... zu sehr ist die Mechanik mittlerweile in Mitleidenschaft gezogen.

Wie sehr die starken Frauen der Familie den Schwarzen Adler geprägt haben, zeigt sich nicht nur in der Speisekarte oder der fürsorglichen Präsenz Petra Schellbachs, die als gute Seele des Hauses in der Stube schaltet und waltet. Das Nebenzimmer trägt den Namen der Großmutter Sophie. Hier erinnern Andenken und Fotos an die erste Schellbacher Adler-Wirtin, die man durchaus als

Gambrinus, der erfundene Erfinder des Bieres, prostet den Gästen zu

Original bezeichnen kann. Und weil Petras Mutter Paula stets für die Zubereitung des Frühstücks Sorge trug, trägt der Frühstücksraum heute ihren Namen. Die unterhalb der Decke an Wäscheleinen aufgehängten Tücher dienen übrigens als Lärmschutz – bestimmt auch ein Einfall der erfinderischen Schellbach-Frauen!

Zu guter Letzt wollen wir noch einen Blick ins Glas werfen: Neben den feinen Bierspezialitäten der Kauzen- und Landwehr-Bräu aus den benachbarten Orten Ochsenfurt und Steinsfeld sorgen Winzer aus dem Uffenheimer Umland und dem Maintal für eine erfreulich vielfältige Weinkarte. Ob Bacchus, Riesling, Dornfelder, Silvaner oder Weißburgunder Spätlese – zu jedem Gericht findet sich ein passender regionaler Tropfen. Badische Weine ergänzen das Sortiment, das in den alten Bierkellern optimale Lagerbedingungen findet. Liebhabern des Hochprozentigen sei der dunkle Zwetschger ans Herz gelegt – ein doppelt gebrannter und im Eichenholzfass gereifter Zwetschgenschnaps. In diesem Sinne: Prost, und ein Hoch auf die Schellbach'sche Wirtshaustradition in Uffenheim!

Schwarzer Adler

Adelhoferstraße 1
97215 Uffenheim

Telefon: 09842 / 98800

www.gastsein.de

Öffnungszeiten:
Samstag
17:00–23:00 Uhr
Sonntag–Donnerstag
10:00–23:00 Uhr
Warme Küche
11:30–14:00 Uhr
und 17:30–21:30 Uhr
Ruhetag: Freitag

48

Gasthaus zur Sonne in Neustadt an der Aisch

Die Erklärung ist einleuchtend: „Die Sonne ist eine absolute Herzensangelegenheit und ich wusste schon immer, dass ich sie eines Tages von meinen Eltern übernehmen würde. Ich bin einfach ein Wirtshauskind und sehr stolz auf das, was die Familie hier geschaffen hat“ – so beschreibt Christine Pohli ihre Lebensaufgabe: die Sonne als ein sorgsam gepflegtes und mit Liebe betriebenes Gasthaus für jede Gelegenheit. Eine lateinische Inschrift über dem Türsturz und eine deutsche Übersetzung auf einem Messingschild neben dem Eingang weisen den Gast gleich beim Betreten des Hauses darauf hin, dass er sich in ein geschichtsträchtiges Umfeld begibt. Erbaut wurde das Haus demnach im Jahr 1568 von Johannes Weikersreuther und seiner Frau Eva und diente ursprünglich als Brauereigasthof und Haltestelle für Postkutschen. Die Geschichte der Sonne ist damit eng verknüpft mit der von Neustadt an der Aisch, das von den Hohenzollern im Mittelalter aufgrund seiner günstigen Lage an der Handelsstraße zwischen Würzburg und Nürnberg zum wirtschaftlichen, politischen und kulturellen Zentrum aus-

Links: Wirtsehepaar Pohli tischt auf.
Rechts: Der Fachwerkbau mit dem bemerkenswerten Erker wurde 1568 errichtet

gebaut wurde. Die Wirren des Dreißigjährigen Krieges überstand das Haus unbeschadet, und 1834 wurde es um den heutigen Saal erweitert. Seit dem Jahr 1904 ist die Sonne im Besitz der Familie Pohli und wird seit 2006 von Christine Pohli und ihrem Mann Stephan in vierter Generation geführt. Der Gasthof, ein zweigeschossiges Eckhaus mit Satteldach und wunderschönem fünfseitigem Erker, Fachwerkobergeschoss und -giebel, steht in direkter Nachbarschaft zum Nürnberger Tor, Neustadts letztem verbliebenen historischen Stadttor.

Nach dem Betreten des Hauses zeigt bereits der Flur, wieviel Arbeit in den Erhalt des alten Hauses gesteckt wurde. Bei der letzten Renovierung 2014 wurde das dunkle Palisanderholz aus den 1960er-Jahren entfernt und das Fachwerk darunter freigelegt. Die Terrakottafliesen sowie das Fachwerk mit den strahlend weiß gestrichenen Räumen zwischen den Pfosten, Schwellen und Streben wirken hell und einladend. Nach dem Eingang liegt auf der rechten Seite die alte Gaststube, das Herzstück des urfränkischen Wirtshauses. Bis zu 50 Personen können hier in historischem Ambiente die moderne fränkische Küche des Hauses genießen. Ganz bewusst hat das Inhaberpaar an diesem Raum nichts geändert. Hier wird die Wirtshauskultur, wie sie aus Großmutters Zeiten bekannt ist, hochgehalten. Der Raum kommt fast vollständig ohne Dekoration aus. Die dunkle Holzdecke, das wirtshaustypische Holzmobiliar, eine fast umlaufende Sitzbank und die holzvertäfelte Theke links vom Eingang sprechen für sich. Hier ist der Geist des Wirtshauses als Ort der geselligen Zusammenkunft deutlich zu spüren. An Tisch Nummer eins, einem kleinen Stammtisch für vier Personen, an dem hausbekannte Gäste bei einem Bier auch gerne mal zu zehnt die Nacht zum Tage machen, sitzen auch Stephan und Christine Pohli nach getaner Arbeit am liebsten auf ein Getränk beisammen und lassen die Geschehnisse des Tages Revue passieren. Dass zu ihren Kunden noch immer die gleichen Stammgäste gehören, die auch ihren Großeltern die Treue gehalten haben, erzählt Christine Pohli nicht ohne Stolz. So funktioniert das Wirtshausleben seit Jahrhunderten, und bei den Pohlis legt man besonderen Wert darauf, dass diese Tradition auch weitergeht.

Links vom Flur liegt das „Stübla“. Der Raum für rund 35 Gäste gehörte früher zur Wohnung der Wirtsfamilie und war bis 2006 noch das Wohnzimmer der Großmutter, wobei die unterschied-

lichen Arten des Echtholzparketts anzeigen, wo im hinteren Teil der Stube einst das Schlafzimmer war. Hier findet der überwiegende Teil des Restaurantbetriebes statt, und auch wenn Tische und Stühle die eines modernen bayerischen Gasthauses sind, erinnern die freiliegenden Stütz- und Deckenbalken doch immer an die lange Geschichte des Hauses. An den Wänden erfreuen den Betrachter zahlreiche Schwarz-Weiß-Fotos mit dazugehörigen fränkisch-derben Texten. Sie entstammen der Kamera beziehungsweise Feder zweier befreundeter Künstler, die sich in einem Selbstporträt mit folgendem schönen Spruch an der Wand verewigt haben: „Aaner gnibbst und aaner schrabbt – scho hasd wos Gscheids wu blabbd!“ Ein Geschenk von Freunden für Freunde, wie Christine Pohli erklärt, und eine passende Dekoration für den modernsten Raum des fränkischen Traditionshauses.

Am Ende des Eingangsflurs führt ein Abgang in den Keller. Ein Schriftzug im relativ schmalen Treppengang weist darauf hin, dass der Keller zusammen mit dem Gebäude entstand. Der heutige Ratskeller wurde allerdings erst 1960 eröffnet und vorher als Bier- und Lagerhalle sowie im Zweiten Weltkrieg als Luftschutzbunker genutzt. Die damals noch existierenden Verbindungstunnel zum Nürnberger Tor und zu etlichen Nachbarhäusern wurden im Laufe der Jahre zerstört. Nach dem Umbau für eine gastronomische Nutzung verwendeten ihn Pohlis Großeltern erst als eine Art Weinkeller und Treffpunkt für die vornehme Gesellschaft. Sehen und gesehen werden, hieß es zu jener Zeit im Bauch der Sonne. Der aus Neustadt an der Aisch stammende Bundesschatzminister (das Bundesschatzministerium wurde 1969 aufgehoben), Bundesminister für das Post- und Fernmeldewesen und spätere Bundesverkehrsminister Werner Dollinger (1918–2008) war mit seinem Gefolge

ein häufig gesehener Gast. Heute steht der tonnengewölbte Ratskeller vorwiegend für Feiern und Gesellschaften von bis zu 70 Personen zur Verfügung.

Des Weiteren verfügt die Sonne über einen geräumigen fränkischen Tanzsaal aus dem Jahr 1834. Dieser ist heute unterteilt in einen großen Saal für 280 Personen und einen kleineren mit 50 Plätzen, der überwiegend von den ortsansässigen Vereinen genutzt wird.

Für die heißen Sommermonate steht den Gästen außerdem ein Biergarten mit 120 Plätzen zur Verfügung. Dieser kam 2007/08 nach dem Ankauf und Umbau des Nachbargrundstücks zum Gasthof zur Sonne hinzu. Da die Buche in der Mitte des Schotterhofs noch zu jung ist, um Schatten zu spenden, übernehmen diese Aufgabe aktuell Schirme, bis in wenigen Jahren der ausgewachsene Baum die Gäste vor der Namensgeberin des Wirtshauses schützen kann.

Urfränkische Wirtshausatmosphäre, ob in der Gaststube (links) oder im Ratskeller (oben)

Gasthaus zur Sonne

Nürnberger Straße 18
91413 Neustadt a. d. Aisch

Telefon: 09161 / 2488

www.sonne-nea.de

Öffnungszeiten:
Mittwoch–Samstag
11:30–13:30 Uhr
und ab 17:30 Uhr
Sonntag
11:30–14:30 Uhr
und ab 17:00 Uhr
Ruhetage:
Montag, Dienstag

49

Gasthaus zum roten Ochsen in Herzogenaurach

Herzogenaurach ist heute vor allem durch die Firmensitze von Puma, Adidas und der Schaeffler-Gruppe bekannt. Doch die Geschichte der Stadt im mittelfränkischen Landkreis Erlangen-Höchstadt reicht natürlich viel weiter zurück als die der Sportartikelhersteller und Maschinenbauer. Bereits im Jahr 1002 schenkte König Heinrich II., der spätere deutsche Kaiser, 1146 gar heiliggesprochen, die idyllisch an der Mittleren Aurach gelegene Siedlung dem Würzburger Stift Haug. Neun Jahre später wurde Herzogenaurach dem Hochstift Bamberg übertragen und blieb hier, bis das Fürstbistum Bamberg im Rahmen der Säkularisation 1803 aufgelöst wurde. Nach einigem Hin und Her, mit Jahren der Fremdherrschaft durch Preußen und Frankreich, gelangte es 1810 in den Besitz Bayerns und wurde 1833 Oberfranken zugeordnet. Erst 1972 gliederte man Herzogenaurach und den neuen Landkreis Erlangen-Höchstadt

Stolz verweist der Ausleger mit der Jahreszahl 1650 auf das ehrwürdige Alter des Roten Ochsen

dem Regierungsbezirk Mittelfranken an. Zu diesem Zeitpunkt hatte das Gasthaus zum roten Ochsen schon über 300 Jahre die Bedürfnisse hungriger und durstiger Reisender und Einheimischer befriedigt.

Erstmals historisch erwähnt wird das Haus direkt am Marktplatz im Jahr 1620, als es bis auf die Grundmauern abbrannte. Nach dem Wiederaufbau ging es 1626 in den Besitz der Familie Kaschenreuther über, der 1650 auf diesem Anwesen das Schildrecht, also das Recht, das Gasthaus mit dem Namen Zum roten Ochsen zu führen, verliehen wurde. Einst mit eigener Hausmetzgerei und Brauerei, war dieser Platz allgemein als Bier- und Weinwirtschaft bekannt und so beliebt, dass er nach einem erneuten Brand im Jahr 1703 ein zweites Mal wiederaufgebaut und weitergeführt wurde. Nach über 120 Jahren in Familienbesitz ging das Haus dann 1750 an Hans Neydert über, woraufhin sich sowohl die Besitzer als auch die Art der Nutzung häufiger änderten. So wurde das Haus um 1770 ein Gasthaus mit Bäckerei, was es die nächsten 100 Jahre bleiben sollte. Eine Steintafel an der Außenwand neben dem Eingang gibt detailliert Auskunft über die Besitzer seit 1620. Seit 1869 wird es wieder als Gasthaus geführt und war ab 1898 als solches im Besitz der Familie Körner. Seit dem Jahr 2002 betreibt Manfred Weiß den Roten Ochsen und setzt mit seiner fränkischen Küche die Tradition des Wirtshauses als Ort der Gastlichkeit und des geselligen Beisammenseins fort.

Den letzten großen Umbaumaßnahmen 2002 ist es zu verdanken, dass sich der Gast nach dem Eintreten sofort in der Gaststube wiederfindet. Waren hier früher mehrere kleine Stuben, bietet seither ein großer Raum mit offener Schanktheke Platz für 80 Personen. Weiß' Konzept, das Moderne mit dem Historischen zu verbinden, ist augenfällig. Die Holzdecke ist beispielsweise das historische Original des zweiten Wiederaufbaus von 1703, der Boden wurde hingegen 2002 neu gefliest. Das Fachwerk des außen bis auf die Giebelseite verputzten, zweigeschossigen Satteldachbaus ist innen freigelegt und harmoniert sehr gut mit dem modernen Holzmobiliar in der gleichen Farbe. Überhaupt ist die

Inneneinrichtung sehr stimmig und aus einer Hand. Die Holzpaneele der Thekenfront passen wunderbar zu den Tischen im Gastraum und zu den Pflanzenkästen, die um die Stützpfeiler angebracht sind. An der Seite zum Marktplatz hin ist der Stein von innen bewusst nicht verputzt und bietet einen interessanten Einblick in die massive Steinquaderstruktur der Wand. Ein kleiner gusseiserner Ofen ohne weitere Funktion, ein altes Bierfass und frische Blumen der Saison, sowohl in den Blumenkästen als auch jeweils auf den Tischen, bilden die angenehm dezente Dekoration. Einige private Fotos von Feiern im Roten Ochsen runden das Bild ab.

Bei gutem Wetter bietet neben der Gaststube der Biergarten des Roten Ochsen 50 Plätze unter üppig wachsendem Wein. Eine nostalgische Laterne in der Mitte des gepflasterten Innenhofs fungiert abends als zentrale Lichtquelle. Der perfekte Ort der Erholung also nach einem anstrengenden Shoppingtag in den diversen Outlets!

Historische Bausubstanz und moderne Einrichtung in perfekter Harmonie

Gasthaus zum roten Ochsen

Marktplatz 4
91074 Herzogenaurach

Telefon: 09132 / 745624

www.gasthaus-roter-ochse.de

Öffnungszeiten:
Montag–Samstag
11:30–14:00 Uhr
und 17:30–21:30 Uhr
Sonn- und Feiertage
11:00–14:30 Uhr
und 17:00–21:00 Uhr

Brauereigasthof Geyer in Oberreichenbach

Die kleine Gemeinde Oberreichenbach liegt zwischen Neustadt an der Aisch und Erlangen im Landkreis Erlangen-Höchstadt am nordöstlichen Rand des Naturparks Frankenhöhe. Die abwechslungsreiche Landschaft mit Mischwäldern, Flüssen und Seen in unmittelbarer Nähe des Ballungszentrums Nürnberg-Erlangen zieht gerade in den Sommermonaten zahlreiche Wochenendgäste, Rad- und Wandertouristen an. Große Radwanderwege, wie der Aischtalradweg, führen dicht an Oberreichenbach vorbei. Wochenendtouristen sind es auch, die den Großteil der Gäste des Brauereigasthofs Geyer ausmachen.

Zum Betrieb der Familie Geyer gehören das traditionelle Wirtshaus, das in der Gemeindechronik bereits 1519 das erste Mal erwähnt wird, die Brauerei Geyer, die die Ortschaften im Umkreis von 30 Kilometern mit Bier versorgt, sowie der Biergarten am Felsenkeller und die Gästezimmer. Das Wirtshaus, wie es heute steht, mit Fachwerk und der fränkischen Spunddecke im Gastraum, wurde im Jahr 1660 errichtet. 1703 wird schriftlich erstmals der Felsenkeller erwähnt, wo bereits damals, ungefähr 300 Meter vom Wirtshaus und der Brauerei entfernt, Bier kühl gelagert wurde. Seit 1894 befindet sich alles im Besitz der Familie Geyer.

Schild der traditionsreichen Brauerei Geyer

Unten: Das historische Wirtshaus von 1660 wurde 1996 denkmalgerecht restauriert.
Rechts: Ein Prosit auf den Stammtisch!

Im Schatten hochgewachsener Bäume liegt der Biergarten der Geyers, in dem es sich im Sommer rund 250 Besucher gut gehen lassen können. Etwa 40 Plätze sind überdacht und für Kinder gibt es einen kleinen Spielplatz. Das selbstgebraute Bier und vor Ort Gegrilltes stehen ganz oben auf der Wunschliste der Gäste. Der Brauereigasthof wird mittlerweile von Andreas Geyer zusammen mit seinem Vater in fünfter Generation geführt. Neben den beiden Braumeistern halten sein Bruder als Brauer, die Mutter und die Schwester als Köchinnen und die Großmutter als gute Seele für alle anfallenden Dinge den Familienbetrieb am Laufen.

In den zurückliegenden Jahrhunderten wurde natürlich immer am Haus gearbeitet; die letzte wirklich große Restaurierung erfolgte im Jahr 1996. Unter den wachsamen Augen des Denkmalschutzes wurde das Haus komplett in seine Einzelteile zerlegt, renoviert und restauriert, gesäubert und wieder aufgebaut. Rund ein halbes Jahr dauerten die Arbeiten, bevor das Haus in seinem heutigen Zustand neu erstrahlte. Besondere Sorgfalt verwendete man dabei auf die massive fränkische Spunddecke von 1660, die abgenommen, geschliffen und an Stellen, wo sie beispielsweise durch die jahrhundertelange Nutzung einer offenen Feuerstelle beschädigt war, ausgebessert, lackiert und anschließend wieder eingebaut wurde. Auch das Fachwerk wurde vollständig ausgeschlagen, die Zwischenräume neu verfüllt und wieder aufgebaut. Betritt man das Wirtshaus heute, so steht man direkt in der guten, historischen Stube und weiß sofort, dass man sich in einer Brauereistube befindet. Halbe Bierfässer dienen über dem Stammtisch, dem ersten Tisch zwischen Eingang und Theke, als Lampenschirme. Getrockneter Hopfen schlängelt sich um den Deckenleuchter, der selbst aus weiteren Utensilien zum Bierbrauen besteht. Direkt hinter dem Stammtisch erstreckt sich die hölzerne Schanktheke. Auch sie wird von getrocknetem Hopfen geziert. Den Mittelpunkt des Raumes bildet ein weißer Kachelofen, der im Zuge der Restaurierung 1996 eingebaut wurde und in den Wintermonaten für angenehme Wärme in der Gaststube sorgt. Tische und Stühle im Gastraum sind

zwar neueren Datums, passen sich als Holzmobiliar aber schön in das Ambiente eines Traditionshauses ein. Verschiedene Bilder, kleine Holzfiguren und Schnitzereien mit bäuerlichem Bezug sowie etwas Steingut bilden die Dekoration, ohne den Raum zu überfrachten.

An der Theke vorbei, durch eine Holzschiebetür vom großen Gastraum getrennt, befindet sich der Nebenraum, der 1996 an das ursprüngliche Haus angebaut wurde. Eine an zwei Seiten durchgehende Fensterfront erhellt den Raum, der mit den gleichen Tischen und Stühlen ausgestattet ist wie der Hauptraum. Auch hier gibt es eine wirtshaustypische Sitzbank entlang der Wände und insgesamt Plätze für mindestens 70 Personen. Die Holzdecke ist der in der Wirtsstube nachempfunden. Im Jahr 2001 wurde dann noch der moderne Festsaal für 120 Personen hinzufügt, in dem große Hochzeiten, Familienfeste und ähnliches immer ihren Platz haben.

Unbedingt empfehlenswert ist der hauseigene Karpfen in der Saison, also in den Monaten, die ein R im Namen enthalten. Bei den Geyers werden die Karpfen in zehn hauseigenen Weihern gezogen und ausschließlich mit Biertreber gefüttert. Diese enthalten fast ausschließlich Eiweiß und keine Kohlenhydrate. Als Ergebnis legen die Geyerschen Karpfen schnell an Muskelmasse zu und haben einen offiziell vom Amt für Fischerei und Teichwirtschaft festgestellten Fettgehalt von nur 4,5 Prozent. Dafür nehmen Fischliebhaber sogar längere Anfahrten auf sich und kommen selbst aus Hamburg zu Besuch, wie Andreas Geyer berichtet.

Brauereigasthof Geyer

Hauptstraße 18
91097 Oberreichenbach

Telefon: 09104 / 2802

www.brauereigasthof-geyer.de

Öffnungszeiten:
Montag, Mittwoch, Freitag
09:00–14:00 Uhr
und 17:00–23:00 Uhr
Freitag, Samstag,
Sonn- und Feiertage
09:00–23:00 Uhr
Ruhetag: Dienstag

AUTORENTEAM

Frank Ebel, geboren 1962. Musik- und Kunsthistoriker, Autor und Lektor beim Dr. Peter Morsbach Verlag.
Wirtshaustexte: 24, 31

Franziska Gürtler, geboren 1989. Studium der Germanistik, Geschichte und Vergleichenden Kulturwissenschaft in Regensburg. 2012 Bachelorabschluss, seit 2013 Masterstudium Germanistik.
Wirtshaustexte: 4, 7, 11, 22, 25, 26, 27, 28, 39, 42, 47
Informationsblock: Erlanger Bergkirchweih (S. 22), „Die Kinderzeche" zu Dinkelsbühl (S. 112)

Gerald Richter, geboren 1965. Diplom-Kaufmann, Fotograf und Mediengestalter, Geschäftsführer des Dr. Peter Morsbach Verlags.

Sonja Schmid, geboren 1989. Studium der deutschen Philologie und Kunstgeschichte in Regensburg.
Wirtshaustexte: 8, 15, 35, 36, 37, 40, 41
Informationsblock: Der Meistertrunk (S. 154)

Bastian Schmidt, geboren 1980. Diplom-Geograph, freier Journalist in Regensburg.
Wirtshaustexte: 1, 2, 3, 5, 6, 13, 18, 21, 23, 29, 30, 32, 38, 43, 44, 45, 46, 48, 49, 50

Veronika Wald, geboren 1982. Kunsthistorikerin, von 2011 bis 2015 tätig für das Bayerische Landesamt für Denkmalpflege, seit April 2015 Mitarbeiterin der „Kunstvilla" in Nürnberg.
Wirtshaustexte: 9, 10, 12, 14, 16, 17, 19, 20, 33, 34

Unterwegs im Dienste der Wirtshauskultur: Gerald Richter, Franziska Gürtler, Bastian Schmidt und Sonja Schmid

Fotografiert haben:

Gerald Richter, geboren 1965. Diplom-Kaufmann, Fotograf und Mediengestalter, Geschäftsführer des Dr. Peter Morsbach Verlags.

Alle Bilder stammen von Gerald Richter mit Ausnahme von folgenden:

Brauereigasthof zum Löwenbräu in Adelsdorf, Archiv: S. 8, 9, 10 oben, 10 unten, 11
Brauereigasthof zum schwarzen Roß in Hilpoltstein: Stadt Hilpoltstein, Knut Pflaumer S. 84
Brauereigaststätte zum wilden Mann in Dinkelsbühl: Norbert Mebert S. 105, 106, 107, 108
Burg Colmberg in Colmberg, Archiv: S. 146, 148, 149
„Die Kinderzeche" zu Dinkelsbühl: Archiv Kinderzeche, August Forkel S. 112
Entla's Keller in Erlangen: Fotografen Jürgen Krémer, Lisa Förstel und Arne Seebeck S. 18, 19, 20, 21
Gasthaus & Pension zum Hirschen in Muhr am See, Archiv: S. 124
Gasthof Weißes Lamm in Nürnberg-Kornburg: Fotostudio Blende 11 (Heike Beyerlein) S. 73
Gasthaus zur Sonne in Neustadt an der Aisch: Fotografie Andreas Riedel S. 180, 181, 182, 183
HP Zierer: S. 190
Hotel Restaurant Eisenhut in Rothenburg ob der Tauber, Archiv: S. 150

Wir haben uns bemüht, alle Copyright-Inhaber ausfindig zu machen. Sollte dies in Einzelfällen nicht gelungen sein, bitten wir, dies zu entschuldigen und um Nachricht an den Verlag.

Kitzingen
22
505
73
286
8
3
Höchstadt a.d. Aisch
Adelsdorf
1
senfurt
Scheinfeld
Baiersdorf
Möhrendorf
2
Marloffstein
3
Oberreichenbach
50
Neustadt a.d. Aisch
48
Erlangen
4–5
Herzogenaurach
49
Uffenheim
47
6
9
10
Bad Windsheim
45–46
Markt Erlbach
44
13
Langenzenn
Fürth
15–16
7
Burgbernheim
Cadolzburg
43
12–1
Oberasbach
Rothenburg ob der Tauber
40–42
17
Bruckberg
38
14
18
Colmberg
39
Lehrberg
37
Heilsbronn
Schwabach
Ansbach
36
Schillingsfürst
35
Leutershausen
Lichtenau
34
Neuendettelsau
Schwanstette
Herrieden
Windsbach
Burgoberbach
Wolframs-Eschenbach
466
Abenberg
Merkendorf
Mitteleschenbach
33
2
Ornbau
Spalt
Crailsheim
Feuchtwangen
Muhr a. See
Altmühlsee
32
Gunzenhausen
25
Brombachsee
31
Dinkelsbühl
26–30
290
Wassertrüdingen
Gnotzheim
25
Ellingen
Weißenburg
23–24
Ellwangen (Jagst)
Treuchtlingen
Pappenheim
2
Bopfingen
466
Aalen
Nördlingen